Franz Langstein

Predigten in der Adventszeit, Weihnachtszeit, Fastenzeit, Osterzeit

Franz Langstein

Predigten in der Adventszeit, Weihnachtszeit, Fastenzeit, Osterzeit

Geprägte Zeiten sind prägende Zeiten

Fromm Verlag

Impressum/Imprint (nur für Deutschland/ only for Germany)
Bibliografische Information der Deutschen Nationalbibliothek: Die Deutsche Nationalbibliothek verzeichnet diese Publikation in der Deutschen Nationalbibliografie; detaillierte bibliografische Daten sind im Internet über http://dnb.d-nb.de abrufbar.

Contact:
International Book Market Service Ltd., 17 Rue Meldrum, Beau Bassin, 1713-01 Mauritius
Website: www.bookmarketservice.com
Email: info@bookmarketservice.com

Gedruckt in: USA, UK, Deutschland. Dieses Buch wurde nicht in Mauritius produziert.

Imprint (only for USA, GB)
Bibliographic information published by the Deutsche Nationalbibliothek: The Deutsche Nationalbibliothek lists this publication in the Deutsche Nationalbibliografie; detailed bibliographic data are available in the Internet at http://dnb.d-nb.de.

Contact:
International Book Market Service Ltd., 17 Rue Meldrum, Beau Bassin, 1713-01 Mauritius
Website: www.bookmarketservice.com
Email: info@bookmarketservice.com

Printed in: U.S.A., U.K., Germany. This book was not produced in Mauritius.

ISBN: 978-3-8416-0188-9

Vorwort

Sie halten mit diesem Buch eine Sammlung von Predigten in Ihren Händen, die ein Dreifaches bezwecken wollen:

- Die Predigten wollen jeden Neugierigen und Interessierten an der christlichen Botschaft helfen, diese Botschaft näher zu bringen und ihre Bedeutung und Relevanz für das Leben aufzuzeigen.
- Sie wollen eine Hilfe sein für jene Christen, die die Sonntagsbotschaft vertiefen möchten.
- Sie können auch als Unterstützung dienen für alle, die mit dem Predigtdienst beauftragt sind.

Bei meiner eigenen Predigtvorbereitung bin ich geleitet von der Überzeugung, dass die christliche Botschaft, so wie sie uns Sonntag für Sonntag entgegentritt, die Zuhörerinnen und Zuhörer prägt. In der christlichen Botschaft vernehmen wir etwas für unser Menschsein Wesentliches. Das herauszustreichen, ist die Aufgabe eines jeden Predigers. Er unterliegt dabei mehreren Gefahren:

Es ist die Gefahr der Banalität. Die Botschaft wird verharmlost, zur Wohlfühlbotschaft herabgestuft. Das Evangelium ist nicht mehr kräftiger Lebensstrom, Herausforderung und Anspruch, Zusage und Verheißung, sondern wird zum plätschernden Entspannungsbad im Wellness-Bereich.

Eine andere Gefahr ist die der Information. Der Prediger informiert – selbst bestens informiert – katechismusartig über die Botschaft. Dabei wird die Botschaft zu etwas dem Menschen Gegenüberstehendem, über das er Bescheid wissen soll. Es spielt sich alles nur noch im Kopf ab. Wir erleben eine neue Blüte auf diesem Sektor in dem gerade erschienenem Jugendkatechismus: Information über den christlichen Glauben. Das ist als solches nicht schlecht, kann sogar notwendig werden, man darf dabei aber nicht stehen bleiben. Informationen führen aber nicht zur Einsicht, dass die Botschaft etwas mit meinem Leben zu tun hat. Auch Atheisten sind oft bestens über den Glauben informiert.

Die dritte Gefahr, die ein Prediger unterliegen kann, ist die der Aktualisierung der Botschaft. So notwendig diese erscheint, so läuft sie deshalb manchmal fehl, weil diese Aktualisierung sich meist auf einen moralischen, sozialpolitischen oder gesellschaftspolitischen Bereich bezieht. Am Ende steht dann eine Mahnung, ein Warnung, ein moralischer Appell. Man höre sich nur mal die Predigten so mancher Bischöfe an Weihnachten oder Ostern an. Die christliche Botschaft wird dann nur noch als Moral verstanden, nicht mehr als Verheißung. Sie wird verstanden als Appell, nicht mehr als Zusage. Und schon entsteht der Eindruck, es ginge in der christlichen Botschaft zuerst um Moral. Nein, es geht zuerst um Mystik, oder anders ausgedrückt:

Es geht um das große Geheimnis der Menschwerdung Gottes, der Einswerdung Gottes mit dem Menschen. Es geht um das, was wir Sonntag für Sonntag feiern: Um Kommunion, Gemeinschaft mit Gott. Und erst aus dem Bewusstsein der Einheit mit Gott ergibt sich ein neues Verhalten.

Deshalb versucht Predigtsammlung freilich auch eine Aktualisierung, aber nicht im Sinn gesellschaftsbezogener Appelle, sondern im Sinn existenzbezogener Zusagen und Verheißungen. Kurz: Was macht die christliche Botschaft mit meinem Leben, wenn sie nicht nur mein Ohr hört, sondern auch mein Herz erfasst? Es geht um die Verwandlung des Menschen im Hören auf die Botschaft. Ich bin überzeugt, dass das Wort Gottes zutiefst etwas bewirkt in unserem Leben. Genau das gilt es wieder herauszustreichen und zu betonen.

Ich versuche es mit diesem Buch anhand der geprägten Zeiten unseres Kirchenjahres: Advent, Weihnachtzeit, Fastenzeit und Osterzeit. Denn das sind nicht nur Zeiten im liturgischen Kalender. Die Kirche feiert überhaupt nie einfach nur liturgische Zeiten, sondern – wenn sie diese begeht – dann immer als Symbol menschlich-existentieller Tiefenschichten. Die liturgischen Zeiten sind Symbole gelingenden Lebens. Die Adventszeit als Zeit des Erwartens: Ich lebe noch im Vorläufigen. Was heißt das für mein Leben? Weihnachten als Zeit der Größe des Menschen: Gott wird in den Stall meines Lebens gelegt. Was macht das mit mir? Fastenzeit als ernste Zeit. Mein Leben steht unter Anspruch und Herausforderung für das Heil. Ostern als Zeit großer Zusagen und erfüllter Verheißung: Befreiung aus der Sklaverei. Wie prägt das mein Leben?

Der Christ, der mit den liturgischen Zeiten der Kirche lebt, wird von ihnen geprägt. Man sieht es ihm an. Man spürt es ihm an. Geprägte Zeiten sind prägende Zeiten.

Die hier gesammelten Predigten sind zuerst gesprochenes Wort. Zwar vor dem Sprechen niedergeschrieben, aber beim Schreiben immer schon als gesprochenes Wort gedacht. Gewiss wäre die Predigt anders niedergeschrieben worden, wenn sie im Wissen um Veröffentlichung niedergeschrieben wäre. Man möge mir manchen Stolperstein und manchen holprigen Satz nachsehen.

So hoffe ich und wünsche mir und Ihnen, den Lesern und Leserinnen, dass sie mit diesem Buch eine geistliche Quelle in den Händen halten, die den göttlichen Lebensstrom in unserem Leben immer besser zum fließen bringt.

Marburg, 27. Juli 2011 Franz Langstein

Inhaltsverzeichnis:

Predigt am 1. Adventssonntag B

Jes 63,16b-17.19b; 64,3-7; Mk 13,33-37

Liebe Schwestern und Brüder!

Wenn wir mal den Advent, in den wir heute einsteigen, befreien von allen Klimbim, künstlichen Lichterketten und oberflächlicher Glühweinseligkeit, dann stoßen wir auf den Kern des Advents. Und wenn es uns gelingt, auf diesen Kern des Advents zu stoßen, dann sind wir zugleich beim Menschen angekommen, besonders beim zeitgenössischen Menschen. Der Advent ist die Zeit, die am treffendsten die Befindlichkeit des Menschen, erst recht des modernen Menschen, beschreibt. Deshalb ist der Advent gleichzeitig Beschreibung, Zuspruch, Anspruch und Verheißung für den Menschen. Beginnen wir mit dem ersten: Der Advent ist Beschreibung des Menschen.

Schon die erste Lesung, mit der wir den Advent heute eröffnet haben, bringt dies absolut treffend zum Ausdruck. Das Volk Israel war nach 40jähriger Gefangenschaft in Babylon wieder nach Israel zurückgekehrt. Aber das Volk war religiös arm geworden. 40 Jahre in heidnischer Umgebung haben die religiösen Gesetze, die heiligen Schriften, den Gottesdienst vergessen lassen. Das religiöse Vakuum wurde nun, wieder in der Heimat angekommen, offenbar. Wie soll man an Gott glauben? Wie ihn sich vorstellen? Wie beten? Was heißt „religiös leben?“ Jesaja beschreibt das so: „Warum lässt du uns, Herr, von deinen Wegen abirren und machst unser Herz hart, so dass wir dich nicht mehr fürchten?“ Jesaja beklagt den Verlust der Gottesfurcht, den Verlust der Ehrfurcht vor Gott. Das könnte auch heute geschrieben sein: Der Verlust der Ehrfurcht vor Gott. Man merkt das, wie Menschen eine Kirche betreten, wie Kinder in Kirchen rumtollen, wie von Gott geredet wird, auch wie manche Kirchenmänner von Gott predigen. Gott ist nichts mehr, was Ehrfurcht hervorruft. Er ist seines Geheimnisses beraubt und allzu oft zur billigen Antwort der Besserwisser instrumentalisiert worden. Der Verlust der Ehrfurcht vor Gott hat natürlich zuerst etwas zu tun mit dem Verlust Gottes selbst. Das Evangelium vom ersten Advent bringt das so zur Sprache: „Es ist eben wie mit einem Mann, der sein Haus verließ, um auf Reisen zu gehen." Gott hat eben mal sein Haus verlassen. Man braucht keine Ehrfurcht zu haben vor jemanden, der nicht da ist und der sich nicht zeigt. Jesaja bringt dies unmissverständlich zur Sprache: „Ach, kämst du doch denen entgegen, die tun, was recht ist, und nachdenken über deine Wege." Gott zeigt sich nicht; nicht einmal denen, die Rechtes tun vor Gott und über seine Wege nachdenken. Uns ist Gott verloren gegangen. Auch so manchen, der durchaus an Gott glaubt und „über seine Wege nachdenkt". Gott hat sich entzogen. Ein Witz, durchaus realistisch, zeigt dies auf: „Da kommt ein Kind von der ersten Kommunionstunde nach Hause und der Vater fragte das Kind: Na, wie war's. Das Kind antwortet: Ach, ganz nett. Da gibt es so einen gewissen Jesus, hast du schon gewusst? Der Vater: Nein, kenne ich auch nicht. Ist das wichtig?" Ich will noch einmal Jesaja aus der ersten Lesung zitieren: „Niemand ruft deinen Namen an, keiner rafft sich dazu auf, festzuhalten an dir. Denn du hast dein Angesicht vor uns verborgen." Hier wird eine Gottesferne beschrieben, die schon fast erschreckend ist; eine Gottesferne, die durchaus auch unsere Zeit beschreibt. „Niemand ruft mehr seinen Namen an, den er hat sein Angesicht vor uns verborgen." Wenn dieser Jesajatext der Eröffnungstext des Advents ist, dann leben wir heute wahrhaft in adventlicher Zeit. Advent bedeutet ja: Ankunft. Wer aber noch ankommt, ist offensichtlich noch nicht da. Er ist fern, noch fern. Die Beschreibung der Gottesferne ist also Voraussetzung für den Advent. Das Gefühl, Gott nicht mehr so klar haben zu können, Gott nicht dingfest machen zu können, so wie das frühere Generationen noch an Wetterereignissen z.B. machen konnten, das alles gehört zum Advent. Der Advent ist die Zeit des Wartens, noch nicht der Ankunft; er ist die Zeit des Gottesferne, noch nicht der Gottesnähe; er ist die Zeit des Suchen und Fragens, nicht des Antwortens; er ist die Zeit des Dunkels, des Zweifels, nicht die Zeit des Lichtes und der Klarheit. Und damit geht einher: Der Advent ist auch die Zeit der Verirrung und Verwirrung, der Verstörung, nicht der Sicherheit, der Ordnung und des Friedens. Das ist der Kern des Advents. Er ist die treffende Beschreibung des Menschen, vor allem des modernen Menschen.

Aber er ist auch Zuspruch für den Menschen. Es ist normal, wenn ihr an Gott zweifelt. Es ist normal, wenn euch Gott zwischen den Händen zerrinnt. Es ist normal, wenn ihr nicht immer Antworten habt. Es ist normal, wenn euch bei Gott mehr und mehr die Worte ausgehen. Denn Gott ist noch nicht da. Er ist euch noch entzogen. Wir müssen nicht erschrecken, wenn wir wie Jesaja feststellen: „Du, Gott, hast dein Angesicht vor uns verborgen". Auch das gehört zum Advent. Wir dürfen diese Situation annehmen, ja sagen dazu. Das ist der Zuspruch des Advents.

Und daraus ergibt sich ein Anspruch. Der Anspruch nämlich: Wie sollen wir mit der adventlichen Situation umgehen? Indem wir sie ganz und gar respektieren. Indem wir nicht so tun, als stünden wir mit Gott auf sicherem Grund und als gäbe Gott immer Sicherheit. Den Advent ganz und gar respektieren heißt: Auch einmal die Dunkelheit betonen zu dürfen; auch einmal den Zweifel zulassen; auch einmal die Gottferne thematisieren. Oder umgekehrt: Gott nicht immer zur Antwort zu machen, denn Gott ist zuerst Frage. Gott nicht seines Geheimnisses entkleiden, indem er allzu leicht als glaubhaft und besitzbar hingestellt wird, sondern ihn als Rätsel des Lebens zu benennen. Gott nicht immer als Licht darzustellen, weil es sowieso kein Licht der Welt gäbe, das als Bild für Gott hinreichend wäre, sondern auch das Dunkel Gottes zu betonen. Wenn Jesaja damals schon feststellte, dass niemand mehr Gott fürchtet, also keiner mehr Ehrfurcht vor Gott hat, so kann man das für die heutige Zeit nicht sagen, ohne gleichzeitig auch die Schuld mancher Kirchenleute mit einzubeziehen. Haben wir nicht doch zu oft zu billig von Gott gesprochen? Ist Gott nicht zur Kirchenangelegenheit verkommen? Ist Gott nicht eine Sache geworden für

Experten? Ist Gott nicht die billige Antwort der Besserwisser? Wenn Gott so klein dargestellt wird, muss man sich nicht wundern, dass die Ehrfurcht schwindet. Die adventliche Situation des Menschen verlangt eine ganz neue Art der Gottesrede und des Gottesglaubens.

Und der letzte Punkt: Der Advent ist Verheißung. Das Dunkel Gottes wird als Dunkel Gottes erfahren, weil das Licht verheißen ist. Die Ferne Gottes wird als Ferne Gottes erfahren, weil die Nähe Gottes verheißen ist. Der Zweifel wird als Zweifel erfahren, weil der Glaube verheißen ist. All dem, wie wir adventliche Menschen Gott erfahren, fern, dunkel, abwesend, anzweifelbar, ist etwas verheißen. Sonst würden wir es so nicht erfahren. Wer nicht an die Anwesenheit Gottes glaubt, wird auch seine Abwesenheit nicht als störend empfinden. Wenn also all dem Dunklen, all dem Zweifel, all der gefühlten Gottesferne eine Verheißung innewohnt, dann heißt das: Wir müssen warten lernen. Und davon spricht das heutige Evangelium. Ich lese weniges daraus abschließend noch mal vor: „In jener Zeit sprach Jesus zu seinen Jüngern: Seht euch vor, und bleibt wach! Denn ihr wisst nicht, wann die Zeit da ist. Es ist wie mit einem Mann, der sein Haus verließ, um auf Reisen zu gehen. Seid also wachsam. Er soll euch, wenn er plötzlich kommt, nicht schlafend antreffen.“

Predigt am 2. Adventssonntag B

Jes 40,1-5.9-11; Mk 1,1-8

Liebe Schwestern und Brüder!

Ich erinnere mich noch gut, als ich das zweite Mal in Israel war, - wir waren da zu fünft, mit Rucksack in Tel Aviv gelandet, nach dem Motto: „Jetzt schauen wir mal, wie es weitergeht" – da kamen wir auf unserer Route von Hebron nach Eilat zu einem kleinen Ort namens Mizpe Ramon. Da war eine Jugendherberge mitten in der Wüste Negev. Und schon während der Fahrt dorthin wie auch schließlich am Abend dort angekommen, da habe ich so richtig die Kargheit aber auch die Klarheit der Wüste erlebt. Es gibt da ja nichts aus Steinen und Sand, - und in der Nacht einen unbeschreiblichen Sternenhimmel, den ich in Deutschland, geschweige denn in Marburg, so noch nicht gesehen habe. Sterne, die hier im künstlichen Licht immer verborgen bleiben, werden dort sichtbar. So wird die Wüste zu einem Bild: Erst in der Kargheit, in der absoluten Reduktion der Dinge, in der Entleerung des Seins erhält der Mensch einen tieferen Blick, wird seine Wahrnehmung größer, werden verborgene Dinge offenbarer. Die Wüste als Bild: Einerseits die Entleerung, die große Leere und Stille, andererseits, aber eben dadurch bedingt, der schärfere Blick, die größere Wahrnehmung, die Sensibilisierung für an sonst Verborgenes. Die Wüste. Die Wüstenerfahrung als Bedingung der Erfahrung von Verborgenem, als Bedingung der Gotteserfahrung.

Nicht umsonst stellt uns heute der zweite Advent diese Wüste vor Augen. In der ersten Lesung tröstet Jesaja die Gefangenen Israels, dass sie nun bald aus der Knechtschaft Babylons heimkehren dürfen. Von Babylon durch die Wüste heim nach Israel: „Bahnt für den Herrn einen Weg durch die Wüste". Eine Erinnerung an d i e Wüstenwanderung schlechthin: Die Befreiung aus Ägyptens Sklavenhaus und die anschließende 40jährige Wüstenwanderung. Und das heutige Evangelium verlegt gar den Anfang der Botschaft Christi in die Wüste: „Anfang des Evangeliums von Jesus Christus, dem Sohn Gottes: Es begann, wie es bei dem Propheten Jesaja steht: Eine Stimme ruft in der Wüste: So trat Johannes der Täufer in der Wüste auf." Die Wüste als Bild: In der äußersten Reduzierung der Dinge wird die Wahrnehmung für Verborgenes, für Wesentliches sensibilisiert. Der Mensch muss offensichtlich in die Wüstenerfahrung hinein, um Gott tiefer wahrnehmen zu können, um Gottes fähig zu werden. So wird die 40jährige Wüstenwanderung Israels die Brautzeit Israels genannt. In der Wüste schließt Gott den Bund mit Israel. Und Johannes der Täufer verkündet die Erneuerung des Bundes durch Christus in der Wüste. Das Bild der Wüste: Es muss eine Entleerung von Dingen, eine Reduktion der Dinge stattfinden, damit der Mensch reichere Erfahrungen, tiefere Wahrnehmungen machen kann, Verborgenes erfahren kann.

Diese Wüstenerfahrung ist also eine geistliche Erfahrung, gehört zur Dynamik des Glaubensweges. Am Anfang stopfen wir Gott mit allem Möglichen voll. Er soll für alles zuständig sein. Neulich schrieb ein Kardinal aus Rom einen Brief an die Bistümer, der uns Dechanten zur Kenntnis gegeben wurde: Wir sollen dafür sorgen, dass überall vor dem ausgesetzten Allerheiligsten um Priesterberufe gebetet werden soll. Ja, mit was wollen wir Gott denn noch voll stopfen, ihn zutexten, nur weil den Verantwortlichen, denen das Problem seit Jahrzehnten bekannt ist, bis heute nichts eingefallen ist? „Lieber Gott, Du musst machen, dass ich morgen eine gute Mathearbeit schreibe, weil ich heute Nachmittag Fußballspielen will", so kommt mir das vor. So wird also Gott voll gestopft mit unseren Erwartungen. Irgendwann kommt dann aber das große Erwachen, die Zeit der Gottesenttäuschungen. Er erfüllt unsere Erwartungen nicht immer in unserem Sinne. Und jetzt sagen wir in der Sprache der Mystik: Gott wird leer, Gott wird entleert. Gott wird Wüste. Er ist all des Klimbims entleert, den wir ihm angehängt haben. Aber genau jetzt bekommt der Mensch eine größere Sensibilität für Gott, für Gott als solchen, nicht für den Gott, den er sich vorgestellt hat. Gott wird um seiner selbst willen geliebt, nicht um der Erfüllung unserer Erwartungen willen. Es beginnt die Wüstenzeit, die Brautzeit mit Gott. Deshalb ist wohl wirklich die Wüstenzeit, diese Wüstenerfahrung der Anfang der Gottesbeziehung. In der Entleerung Gottes erhält der Mensch eine größere Wahrnehmung für den verborgenen Gott.

Diese äußerste Wüstenerfahrung macht der Mensch ja in seinem Sterben. Alle Dinge um ihn herum werden unwichtig. Es vollzieht sich eine äußerste Reduktion auf das reine Sein. Auch Gott wird irgendwann total entleert. Man hat keine irdischen Hoffnungen und Erwartungen mehr an ihn, z.B. auf Gesundheit. Dann ist Wüstenzeit, aber auch Brautzeit. Zeit der Vermählung, Zeit des Bundes mit Gott. Das ist die Wüstenerfahrung: Liebe muss entleert werden von Erwartungen und Hoffnungen, um wirklich Liebe zu werden. Denn man liebt den anderen nicht um dessentwillen, was er mir bringt, sondern um dessentwillen, dass es ihn gibt. Die Liebe muss durch die Wüste. Zu dieser geistlichen Erfahrung ermutigt uns der heutige zweite Advent.

Predigt am 3. Adventssonntag B

Joh 1,6-8.19-28

Liebe Schwestern und Brüder!

Vor einigen Jahren hatte ich einmal ein kleines Büchlein gelesen: „Der Mensch im Advent“. Hierin waren gesammelte Adventspredigten des bekannten Jesuitenpaters Alfred Delp, der 1945 von den Nazis ermordet wurde. Und in diesem Büchlein fand sich auch eine Predigt zum 3. Adventssonntag, an die ich mich sofort erinnerte, als ich die Texte des heutigen 3. Advents las. Ich erinnerte mich deshalb daran, weil diese Predigt von Pater Alfred Delp sehr ungewöhnlich war. Er legte das Schwergewicht seiner Predigt auf einen Aspekt, der mir völlig nebensächlich erschien. Es ging ihm um das Bekenntnis, besser ausgedrückt, um das Nicht-Bekenntnis des Johannes des Täufers: „Als die Juden von Jerusalem aus Priester und Leviten zu Johannes sandten mit der Frage: Wer bist du?, bekannte er und leugnete nicht; er bekannte: Ich bin nicht der Messias“. Dieses Bekenntnis ist ja eigentlich ein Nicht-Bekenntnis. Johannes bekennt, wer er nicht ist. Und gerade das faszinierte Alfred Delp so, dass er dies in den Mittelpunkt seiner Predigt stellte. Dann las ich seine Predigt zu Ende. Und da stand dann auch das Datum, an dem diese Predigt gehalten wurde: 3. Sonntag im Advent, 14.12.1941. Heute vor 67 Jahren. Und da fiel es mir auf einmal wie Schuppen von den Augen, warum für Pater Alfred Delp dieses Nichtbekenntnis des Johannes so wichtig war. Nämlich eine Predigt zu dem Thema: „Ich bin nicht der Messias“ inmitten einer Zeit, in der sich ein diktatorisches System und einzelne Menschen in ihm und die so genannte Herrenrasse aufmachte, in einem tausendjährigen Reich den Messias zu spielen und das Heil zu bringen. Die Betonung des Bekenntnisses des Johannes „Ich bin nicht der Messias“ ist eine mehr oder weniger versteckte Provokation gegenüber einem System und gegenüber Menschen, die sich für die Heilsbringer hielten. Hören wir selbst einmal hinein in den unverwechselbaren Originalton von Alfred Delp, dieser aussagestarken und kräftigen Sprache, um genau diese Provokation herauszuhören: „Und da stehen sie nun und fragen, und fragen eigentlich die verführerischste Frage, die immer wieder an Menschen gestellt wird, denen Macht über die Herzen des Volkes gegeben ist: Bist du der Messias? Bist du der Prophet? Bist du der Heilige der letzten Tage? O, dass ist die Versuchung, die jeden überkommt, der irgendwie vor das Volk gestellt ist und dem das Volk folgt. Das ist die Versuchung, diese Frage oder diese Anfechtung oder diese Täuschung: Bist du der Christus? Bist du der Mann des Heiles? Bist du der Mann der letzten Entscheidungen? Bist du, der kommen soll? Wie oft standen in der Geschichte die Männer, denen ein großes Erbe und ein großer Auftrag anvertraut war, zu Gestaltung der Erde, zu Ordnung der Dinge, vor dieser Verführung und sind dieser Verführung unterlegen und haben statt Heil Unheil gebracht, weil sie im Innern nicht ehrlich genug waren oder nach außen nicht ehrlich genug waren zu bekennen: Nein. Denn das ist die erste Grundlage eines jeden Bekenntnisses: Die Bescheidenheit, das Wissen um die Grenzen. Wie sind die Großen alle zerbrochen und wie ist ihr Werk zerbrochen." Wer im Jahr 1941 so spricht, ist den Nazis natürlich ein Dorn im Auge.

Aber kann dieses Bekenntnis des Johannes „Ich bin nicht der Messias", das für Alfred Delp im Jahr 1941 so wichtig war, auch für uns heute noch von Bedeutung sein? Ich glaube, die Antwort müssen wir nicht lange suchen, sondern liegt auf der Hand. Immer ist die Gefahr groß, dass Menschen, Systeme, Ideologien, ja sogar einfache Gegenstände mit dem Nimbus des Messianischen umgeben werden, mit dem Versprechen der Erlösung, der Rettung und des Heiles. Einmal: Weil sie sich selbst damit umgarnen, aber auch zum anderen: Weil die Menschen solche Heilsbringer ersehnen. Schauen wir in unsere Werbung: Was wird uns an Heil, an Freiheit, an Erlösung versprochen, wenn wir dies und jenes endlich besitzen. Schauen wir auf manche Politiker, die uns das Paradies versprechen, wenn wir sie nur wählen würden. Und schauen wir auf die vielen Systeme, denen Menschen ihr ganzes Vertrauen entgegenbringen: Sozialismus, Kapitalismus, Kommunismus, diejenigen, die uns eine neue grüne Welt versprechen, Banken- und Versicherungswesen, auch Religionen usw. Und wenn dann ein solches Heil versprechendes System zusammenstürzt, wie damals die DDR und wie am Beispiel der Finanzkrise deutlich wurde, dann erst gehen vielen die Augen auf über die Relativität der Dinge und es dämmert die Erkenntnis: Innerweltlich gibt es keine Erlösung, kein Heil, keinen Messias, da gibt es nur ein Gut und weniger Gut, ein Geeignet und weniger Geeignet, ein Abmühen und Sorgen für die gute Sache, aber keine Vollkommenheit, alles ist relativ und vergänglich, nichts ist absolut. Dieses Bekenntnis des Johannes täte heute wieder gut: „Ich bin es nicht." Ich bin nicht die Erfüllung eurer Hoffnung, das Ziel eurer Sehnsüchte, das Wahrwerden von Versprechungen. Ich bin es nicht.

Aber genau in diesem Bekenntnis: „Ich bin es nicht", wird der Blick frei für die Frage: „Ja, wer ist es dann, wenn du nicht der Messias bist?" Und damit sind wir jetzt bei der entscheidenden Frage, die mich als Pfarrer immer wieder umtreibt und die ich heute für die dringendste aller religiösen Fragen halte: Wie kann es uns heute gelingen, in der Erfahrung der Relativität der Dinge und des Daseins, eine Dimension aufzuzeigen, die diese Relativität übersteigt, die die innere Qualität des Heiligen, des Unwandelbaren und damit des wirklich Erlösung, Sinn und Halt Gebenden besitzt? Wie können wir also wieder aufzeigen, dass über all unserem Dasein es noch die Wirklichkeit Gottes gibt, die allein absolut ist und deshalb auf Erden nichts absolut sein kann noch absolut gesetzt werden darf? Ich habe auf dieses dringende Problem nicht immer eine Antwort.

Vielleicht steht am Anfang eines solchen Weges tatsächlich erst einmal das Bekenntnis des Johannes: „Ich bin es nicht." Vielleicht muss tatsächlich auch schmerzhaft diese Relativität erfahren werden, um die Frage im Herzen aufkommen zu lassen: Ja, wer ist es dann? So fragen ja auch die Abgesandten:

„Wenn du nicht der Messias bist“, was dann? Und Johannes antwortet: „Ich taufe mit Wasser. Mitten unter euch steht der, den ihr nicht kennt, und der nach mir kommt. Ich bin es nicht wert, ihm die Schuhe aufzuschnüren.“ Und hier ist dann tatsächlich das Bekenntnis verlangt: Unter uns ist der, den wir oft nicht kennen, den Menschen leicht übersehen, den sie vergessen können, aber er allein ist der Heilige, dem die Schuhe aufzuschnüren sich Johannes unwürdig fühlte, der aber später selber den Seinigen die Füße waschen wird.

Predigt am 4. Adventssonntag B

Lk 1,26-38

Liebe Schwestern und Brüder!

Wenn wir Menschen z.B. in den Naturwissenschaften Dinge entdecken oder Phänomenen auf der Spur sind, die unserem Vorstellungsvermögen völlig fremd sind, dann fehlt uns dazu auch in der Regel die passende Sprache, um das Entdeckte zu beschreiben. Wir haben eben für das völlig Unvorstellbare keine Sprache entwickelt. Der Mensch bedient sich dann oft einer metaphorischen Sprache, Bildersprache oder gar der Poesie. Selbst die an sich so exakten Naturwissenschaften verlassen dann die exakte Begrifflichkeit. Nehmen wir zwei Beispiele aus der Astronomie, weil mir das am nächsten liegt: 1929 entdeckte Edwin Hubble die so genannte Rotverschiebung bei weit entfernten Objekten und schon bald wurde klar, dass das Weltall expandiert. Wenn der Raum sich also ausdehnt, heißt das im Umkehrschluss, dass der Raum irgendwann einmal auf einen winzigen Punkt vereint sein musste, von dem alles seinen Anfang nahm. Dieses Unvorstellbare, dass der gesamte Weltraum anfangs in einem einzigen Punkt konzentriert seinen Anfang nahm, dafür hatte der Mensch keine Worte, die auch annähernd dieses Phänomen begrifflich fassen konnten. So nannte er es „Big Bang“ oder zu Deutsch: „Urknall“. Das ist Bildersprache und nicht exakte Begrifflichkeit. Ein anderes Beispiel: Aus der Relativitätstheorie Albert Einsteins ergab sich bald die Möglichkeit von Objekten im Weltraum, die so kompakt sind und deshalb eine so große Gravitation besitzen, dass man nicht einmal mit Lichtgeschwindigkeit dem Gravitationsfeld entkommen kann, mit anderen Worten: Nicht einmal Licht kann von diesem Objekt entweichen. Sie bleiben uns immer dunkel. Die sind so unvorstellbar kompakt, dass wir dafür keine geeigneten Worte besitzen. So nennen wir sie fast schon poetisch: Schwarze Löcher. Obwohl sie alles andere als Löcher sind. Sicherlich kann der eine oder andere von Ihnen aus anderen

Wissenschaftszweigen ähnliches aufzeigen. Es wird deutlich, dass die ansonsten begrifflich so exakt arbeitenden Wissenschaften in Bereiche des Unvorstellbaren vorstoßen und ihnen dann die Sprache ausgeht. Sie bedienen sich der Bildersprache und der Poesie.

Warum habe ich das hier ein wenig länger ausgeführt? Wenn das schon für die Schöpfung und für die ansonsten so exakten Naturwissenschaften gilt, um wie viel mehr muss das dann gelten für den Schöpfer selbst, für Gottes Handeln, für unser Reden von Gott? Wie schwer haben wir es mit einer exakten Begrifflichkeit für das unvorstellbare Handeln Gottes an uns? Und auch hier können wir nicht anders als uns uralter Bilder zu bedienen, gleichnishafte Sprache zu verwenden, Poesie walten zu lassen. Vor allen dann, wenn es um das Größte geht, um das Unvorstellbarste: Gott wird Mensch. Für dieses Handeln Gottes an uns, für dieses kaum Vorstellbare, für dieses nur in tiefer Ehrfurcht zu Erahnende fehlen uns die Worte. Eine exakte Begrifflichkeit würde dieses Geheimnis sofort mindern, klein reden, ja zerstören. Also bedient sich der Mensch uralter Bilder, Geschichten, ja Poesie, um dieses Geheimnis dem Herzen der Menschen zugänglich zu machen. Und eine solche Geschichte haben wir gerade gehört.

„In jener Zeit wurde der Engel Gabriel von Gott in eine Stadt in Galiläa namens Nazareth zu einer Jungfrau gesandt." Welch' wunderbare Sprache, wenn wir sie im Raum der Poesie und des Bildes lassen und nicht historisch wie ein Dokumentationsbericht auflösen wollen. Der Engel, der Bote Gottes: Ein Bild dafür, dass die Initiative von Gott ausgeht. Er beschließt das Unvorstellbare: Gott wird Mensch. Ein solcher Entschluss Gottes entzieht sich ganz unserer Vorstellung. Der Engel ist das einzige einigermaßen verstehbare Bild dieses Entschlusses. Der Freudenbote für die Menschheit. „Gesandt in eine Stadt, in Galiläa, in Nazareth". Das Ganze ist kein Hirngespinst, sondern tatsächlich Ereignis an einem bestimmten Ort zu einer bestimmten Zeit. Es ist Realität,

Realität der Geschichte und des Menschen. Und dann das Bild der Jungfrau: Welch' ein Frevel an diesem Geheimnis der Menschwerdung, dieses Bild nun zuerst und ausschließlich biologisch deuten zu wollen. Hier geht es nicht zuerst um die sexuelle Enthaltsamkeit einer Frau, sondern um das tiefste Wesen und um eine tiefe Dimension unserer menschlichen Existenz. Wenn Gott die Initiative ergreift, in den Schoß des Menschen zur Welt zu kommen, dann ist dies ein so großes Gnadengeschenk Gottes, für das der Mensch nichts Aktives tun kann. Der aktive Part, „Josef" ist das Symbol dafür, bleibt außen vor. Der Mensch trägt in sich eine Dimension seiner Existenz, die nur Gott einnehmen kann. Der Mensch hat in sich einen Mutterboden, der allein für Gott bereitet ist. Das ist wohl auch der Grund für den höchst gewagten Begriff der „Mutter Gottes". Mutterboden für Gott zu sein, damit Gott sich in uns ausprägen kann. Dieses Geheimnis des Menschen offenbart sich also in der Menschwerdung Gottes. Gott tritt aus dem Gegenüberstand zum Menschen in die Vereinigung mit den Menschen. Das ist die ganz und gar jungfräuliche Seite des Menschen, die Seite, die allein Gott reserviert ist.

Wenn wir die Geschichte so lesen, wird aus einer historischen Abhandlung mit stark biologischem Akzent plötzlich eine poetische Erzählung, die mein Leben betrifft, die mich betrifft. Das alte Bild der Jungfrau Maria mit ihrem Kind ist ein Bild des Menschen in seiner Würde vor Gott und mit Gott. Es ist Urbild der Kirche. Und wann immer es uns vor Augen steht, so wie in unserer Kugelkirche, wenn dann an Weihnachten wieder der Flügelaltar aufgeklappt wird, schauen wir wie in einem Spiegel uns selbst an.

Predigt in der Heiligen Nacht

Liebe Schwestern und Brüder!

Die Heilige Nacht, die ist ohne Zweifel was ganz Besonderes. Stunden, die so anders sind als sonst. Eine Nacht, die einfach viele, selbst abgestumpfte Herzen, noch anzurühren vermag. Ich erinnere mich gut an eine Erzählung, die uns Kindern zu Hause fast an jedem Weihnachtsfest von unserem Vater erzählt wurde. Ein Zeichen dafür, wie sehr ihn das selbst berührt hat. Im letzten Kriegsjahr war mein Vater an der Westfront eingesetzt. Und er erzählte uns davon, wie in der Heiligen Nacht 1944 die Waffen schwiegen. Irgendjemand hat von irgendwoher einen Weihnachtsbaum organisiert. Und plötzlich war auf beiden Seiten für wenige Stunden Frieden. Die Heilige Nacht als etwas ganz Besonderes. Mächtig genug, um die Herzen so anzurühren, dass für Stunden der Krieg einfach nicht fortgesetzt wurde. Und auch als Kinder hatten wir immer das Gefühl: Diese eine Nacht im Jahr ist was Besonderes. Schon allein die Art und Weise, wie wir das Fest vorbereiteten und schließlich im Kreis der Familie feierten. Da stand der Weihnachtsbaum, die Geschenke, die Krippe, und vor dem gemeinsamen Abendessen beteten wir den „Engel des Herrn“, den wir sonst nicht beteten. Solche und viele andere Kleinigkeiten zeigten uns: Heute ist was Besonderes. Die Heilige Nacht als machtvolle Wirklichkeit, wirkmächtig.

Diese Heilige Nacht ist aus sich heraus eine wirkmächtige. Aber genau darin liegt auch die Gefährdung. Wenn man dieses „Aus sich heraus“ nicht mehr wahrnimmt und versteht, wenn man nicht mehr versteht, was denn in dieser Nacht die machtvolle Wirkung verursacht, dann muss die Heilige Nacht inszeniert werden, sie künstlich wirkmächtig gemacht werden. Das Besondere dieser Nacht kommt dann nicht durch die Feier der Menschwerdung Gottes, also von Gott her, sondern muss der Mensch ohne Gott inszenieren. Weihnachten kann dann sehr schnell zum Stress werden und zu einer künstlich inszenierten Feier, aufgeladen mit hohen Erwartungen, deren Künstlichkeit zwangsläufig schnell durchschaut wird, Erwartungen, die dann irgendwann enttäuscht werden. Das ist vor allen dann der Fall, wenn der äußere Rahmen des Festes durch irgendeine Situation oder durch ein Schicksal nicht mehr der ist, den man gewohnt war: Wenn die Familie nicht mehr zusammen ist, wenn Schicksalsschläge die Familie beuteln, wenn unversöhnlicher Streit herrscht, wenn ein geliebter Mensch nicht mehr im Kreis der Familie Weihnachten feiern kann, wenn Angst um die Zukunft und Sorge um den Arbeitsplatz den Menschen drücken usw. Wie oft kann man dann den Satz hören – und das ist auch ganz verständlich: „Ich habe Angst vor dem Weihnachtsfest". Und nicht nur Freude, sondern wie viel Einsamkeit und Verzweiflung herrschen auch heute Nacht in manchen Familien. Da spüren wir: Wie schnell eine künstliche Inszenierung von Weihnachten hohl werden kann. Wir können Weihnachten nicht machen, ja wir müssen es nicht, und gerade deshalb ist Weihnachten gerade für die im Dunkeln Sitzenden so ein Trost und kann so wirkmächtig sein.

Damit das hier nicht so theoretisch klingt, will ich Ihnen das Gesagte etwas persönlich nahe bringen. Schon seit Jahren leidet mein Vater an einer schweren Demenzerkrankung. Er lebt, wie man sagt, geistig umnachtet als schwerer Pflegefall in einem Pflegeheim. Und ich erinnere mich noch gut, als wir zu Hause das erste Mal Weihnachten ohne unseren Vater feiern mussten. Man muss dabei wissen, dass meinem Vater Weihnachten viel bedeutete und er sich sehr viel Mühe gab, dass Weihnachten ein schönes Fest für alle werden sollte. So war es allein seine Aufgabe, und er hat sich von niemand helfen lassen, den Weihnachtsbaum auszusuchen, aufzubauen und zu schmücken. Das war sein Werk. Und wenn ich dann am Heilig Abend nach Hause kam - bis vor sieben Jahren war mir das für zwei Stunden möglich -, da war das erste, die leuchtenden Augen meines Vaters zu sehen, der da stand und fragte: „Na, Franz, was sagst Du dieses Jahr zum Weihnachtsbaum.“ Und ganz ohne Zweifel – das musste ich zugeben - war er der schönste Baum weit und breit. Und dann kam das erste Fest ohne meinen Vater, weil er im Pflegeheim lag. Es war natürlich ein mulmiges Gefühl. Es war nicht einfach. Es gab keinen Weihnachtsbaum, weil die Weihnachtsbäume meines Vaters unschlagbar waren. Es war nicht leicht. Aber es lag über dem Fest ein enormer Trost: Wir spürten und ahnten die Botschaft dieser Nacht ganz tief, was da über das Leben und über das Leben meines Vaters gesagt ist: Da leuchtet ein Licht in der Umnachtung des Lebens. Da wird die Nacht des Lebens zur heiligen Nacht. Da wird der Stall des Lebens zum Ort, der das göttliche Kind in sich aufnimmt und in sich birgt. Ich habe das Fest noch mal neu erlebt, wenn es heißt: Wie feiern in der dunklen Nacht das Kommen des göttlichen Kindes in unseren Stall. Welches Licht sollten wir sonst haben, wenn unsere inszenierten Lichter erloschen sind? Ich habe volles Verständnis, auch aus eigener Erfahrung, wenn Menschen vor dem Weihnachtsfest zurückschrecken, weil es nicht mehr so ist, wie es immer war. Und ich wünschte gleichzeitig, mögen sie doch erfahren, dass es genau deshalb Weihnachten geworden ist, weil sich unser Leben so schnell verdunkeln kann. Mögen sie doch erfahren, dass es jenseits aller inszenierten Lichter das eine Licht gibt, dass in unsrem Leben brennt: Gott selbst in uns.

Und deshalb ist Weihnachten so gesehen keine besondere Zeit, keine zu inszenierende Ausnahmezeit, sondern es ist unsere ganz normale Zeit, unser ganz normales Leben, geprägt von Licht und Dunkel, von Glauben und Zweifel, von Gottesnähe und Gottesferne, von Glück und Trauer, von Erfolg, Misserfolg und Schuld. Da mitten hinein ist uns ein göttliches Kind gelegt. Wir feiern also Weihnachten die Nacht und den Stall unseres Lebens, also unser ganz normales Leben, aber dieses normale Leben ist zum Gott geweihten Leben geworden, die Nacht zur heiligen Nacht und der Stall erfüllt von seiner Gegenwart. Und **das** ist dann doch etwas ganz Besonderes. Und das ist das Wirkmächtige an Weihnachten, jenseits unserer Inszenierungen.

Predigt an Weihnachten

Joh 1,1-18

Liebe Schwestern und Brüder!

Wieder ist es Weihnachten geworden; dieses Mal so scheint es mir schneller als früher. Liegt es am Älterwerden, dass die Zeit schneller vergeht? Liegt es daran, dass man hektischer wird, weniger Ruhe findet? Ist es ein Zug unserer Zeit, immer schneller, immer mehr, immer lauter? Ich weiß es nicht! Ich erlebe nur im kirchlichen Bereich, aber vielleicht gilt das auch für andere Bereiche, eine zunehmende Hektik, zunehmende Nervosität: Immer neue Aktionspläne, immer mehr Sitzungen, um den Priestermangel und damit einhergehend den Zusammenbruch ganzer Gemeinden zu bewältigen. Dabei ist Hektik das Schlechteste, was man jetzt verbreiten kann. Dabei wäre es jetzt wichtig, Einkehr zu halten, zur Ruhe zu kommen, um aus der Besinnung und Besonnenheit heraus mutig die möglichen Schritte zu gehen. Aber dazu ist keine Zeit.

Warum erzähle ich das? Weil im Weihnachtsevangelium ein kleiner, aber überaus bedeutender Satz steht, der mir in dem Zusammenhang immer wichtiger wurde: „Im Anfang war das Wort“. Ich glaube, dass der geistige und geistliche Gehalt dieses Wortes vielen fremd geworden ist. Es entspricht nicht unserem Selbstverständnis. Dieses ist geprägt durch die Aufklärung. Und hier steht ein Epos, das in der Tat dem Selbstverständnis des Menschen eher entspricht: Faust von Goethe. Und darin spricht Faust die Sätze:

Geschrieben steht: „Im Anfang war das Wort!“
Hier stock’ ich schon! Wer hilft mir weiter fort?
Ich kann das Wort so hoch unmöglich schätzen,
Ich muss es anders übersetzen,

Wenn ich vom Geiste recht erleuchtet bin.
Geschrieben steht: Im Anfang war der Sinn.
Bedenke wohl die erste Zeile,
Dass deine Feder sich nicht übereile!
Ist es der Sinn, der alles wirkt und schafft?
Es sollte stehn: Im Anfang war die Kraft!
Doch, auch indem ich dieses niederschreibe,
Schon warnt mich was, dass ich dabei nicht bleibe.
Mir hilft der Geist! Auf einmal seh' ich Rat
Und schreibe getrost: Im Anfang war die Tat!

Ich glaube, dass diese Worte eher uns entsprechen. Im Anfang war die Kraft, im Anfang war die Tat. Dass unmittelbar an diese Zeilen nun der Teufel auf der Bühne erscheint, ist wohl doch auch ein Eingebung jenes genialen Goethe, der wohl ahnte, was das heißt: Am Anfang war die Tat.

Die Welt als Produkt des Menschen, alles wird machbar, d.h. aber auch, für alles übernimmt der Mensch die Verantwortung. Menschliche Selbstverwirklichung ist eine Frage von Kraft und Tat, von der Leistungs- zur Erfolgsgesellschaft. Den, der ich bin, kann ich selbst machen. Mein Leben wird zum Produkt, zum Design. Am Ende steht das Burn-out-Syndrom oder der Herzinfarkt. Der Mensch wird gemessen an seiner Leistungsfähigkeit. Für alle anderen gibt es keine wirklichen Platz, sondern nur Sozialplätze, keine wirkliche Anerkennung, höchstens Mitleid. Der Teufel erscheint auf der Bühne.

„Im Anfang war das Wort". Welch' ein Kontrast! Nämlich nicht irgendein Wort, sondern Gottes Wort. Das heißt: Im Anfang von allem steht eine Zusage, die uns in diesem Kind in der Krippe gemacht wird: „Ich, Dein Gott, liebe Dich so sehr, dass ich mich mit meiner Herrlichkeit und Macht in die Krippe Deines Herzens lege." Das also, was der Mensch ist, ist er nicht durch sein Tun, sondern das hat er längst empfangen. Auch ein kleines Baby ist vor jeder Tat schon

Mensch, Gottes geliebtes Wesen. „Im Anfang war das Wort", heißt dann eben auch: Mein Selbstbewusstsein soll nicht zuerst durch das geprägt sein, was ich tue, sondern durch das, was ich empfangen habe. Ich glaube, dass genau daran unsere Zeit krankt. Wir sind zur Leistung und zum Erfolg verdammt, weil wir sonst nichts anderes mehr haben.

Aber heute feiern wir Weihnachten. Und da steht dieser Satz: „Im Anfang war das Wort". Da liegt dieses ewige Wort des Vaters in einer Krippe. Da liegt das größte Geschenk, das uns Menschen gemacht werden kann, vor jeder Tat, vor jeder Leistung, vor jedem Erfolg: da ist uns vorab Gott geschenkt. Es kommt für mein Menschsein ganz darauf an, wovon ich geprägt bin. Bin ich geprägt von diesem Faustischen: „Im Anfang war die Tat" und dann zählt nur meine Leistung, oder bin ich geprägt von diesem „Im Anfang war das Wort" und dann erfahre ich mich als zutiefst Beschenkten. Aber „Im Anfang war das Wort" bedeutet eben dann die Fähigkeit zur Ruhe, zur Einkehr, zur Passivität, zum Hinhören, zum Gebet. Weihnachten ist also das Fest, dass uns auf eine verlorene Dimension unseres Lebens neu hinweisen will: Wir sind zuerst Empfangene, wir sind zuerst Beschenkte, reich Beschenkte. Gott selbst hat sich uns in seinem Wort, in diesem Kind, geschenkt.

Predigt am Fest des hl. Stephanus

Liebe Schwestern und Brüder!

Heute, am zweiten Weihnachtsfeiertag feiern wir mit der Kirche das Fest des heiligen Stephanus, des ersten Märtyrers der Jerusalemer Urgemeinde. Die unmittelbare Nähe zum Weihnachtsfest wirkt in der Tat störend, mitunter brutal, da wir doch ganz schön gewaltig aus dem Weihnachtsfrieden aufgeschreckt werden. Wie aber kommt dann der Stephanustag zu dieser unmittelbaren Nähe zu Weihnachten? In der Kirche haben sich zuerst und schon sehr früh die Märtyrerfesttage ausgebildet. Schon im vierten Jahrhundert hat man im Osten das Fest des heiligen Märtyrers Stephanus gefeiert, noch bevor sich das Weihnachtsfest etabliert hat. Als dann später das Weihnachtsfest auf den Sonnenwendtag gelegt wurde, also damals auf den 25. Dezember, kam es zu diesem Nebeneinander von Weihnachten und Stephanus. Ungewollt, zufällig. Aber immerhin: Man könnte sagen: Nicht wie die Heiligen Drei Könige wanderte Stephanus zum Christkind, sondern das Christkind kam zu Stephanus.

Natürlich ist das eine gewisse Ideologisierung des Zusammenhangs von Weihnachten und Stephanstag. Denn natürlich war Stephanus nicht so sehr von einem Christkind geprägt, sondern das Leben dieses Märtyrers war geprägt durch den Tod und die Auferstehung Jesu Christi. Er starb ja nur wenige Jahre nach Jesus. Deshalb ist natürlich die Deutung, das Christkind kommt zu Stephanus, weil das Weihnachtsfest unmittelbar vor den Stephanstag gelegt wurde, freilich nicht exakt richtig.

Und doch wird uns im Bericht über das Martyrium des heiligen Stephanus in der Apostelgeschichte - wir hörten vorhin davon - etwas gesagt, was uns tatsächlich an Weihnachten erinnert. Als Stephanus von seinen Widersachern bedrängt war, „blickte er zum Himmel empor, sah die Herrlichkeit Gottes und Jesus zur

Rechten Gottes stehen und rief: Ich sehe den Himmel offen und den Menschensohn zur Rechten Gottes stehen.“ Ist das nicht das weihnachtliche Geheimnis: der offene Himmel? Gott hat die Grenze zwischen Himmel und Erde niedergerissen und ist auf die Erde gekommen, Mensch geworden, Fleisch geworden. Seitdem sind Himmel und Erde so miteinander versöhnt, dass der Himmel sich gegenüber den Menschen nie mehr verschließt. Der Menschensohn hat ein für alle Mal Platz zur Rechten Gottes. Gott ist auf Erden, der Mensch im Himmel. Dieses weihnachtliche Geheimnis erblickt Stephanus in seiner Sterbestunde. Wahrscheinlich kann der Mensch es auch nur da erblicken, wenn alle irdische Herrlichkeit hinter sich gelassen wird und so der Blick frei wird für die göttliche Herrlichkeit, die die eigentliche menschliche Herrlichkeit ist. Oft sucht der Mensch zu sehr auf Erden seine Herrlichkeit und verschließt sich damit selbst den Himmel oder übersieht den offenen Himmel. Er übersieht das weihnachtliche Geheimnis.

Ich war in der Woche vor Weihnachten in dem außerordentlich sehenswerten Film „Von Menschen und Göttern“. Dieser Film handelt von den französischen Trappistenmönchen in Algerien, die 1996 getötet wurden. Der Film zeigt die Not der Mönche, weil sie einerseits um die immer stärker werdende Bedrohung wissen. Damals wurden in Algerien viele Ausländer getötet. Andererseits fühlen sich die Mönche verpflichtet zu bleiben, weil sie ein Segen sind für die Bevölkerung. Unter den Mönchen war auch ein Arzt. Und in dem Gespräch mit den Prior des Klosters, in dem es darum ging, ob jemand nach Frankreich zurückgehen möchte oder bleiben möchte, sagt der Arzt: „Ich habe keinen Angst vor dem Tod, ich bin frei.“ Diese Definition von Freiheit hat mich stark beeindruckt. Freiheit ist, keine Angst vor dem Tod zu haben. Denn nicht Angst vor dem Tod motiviert sein Handeln, sondern das Wohl der Bevölkerung. Er ist frei. So - glaube ich - kann nur jemand fühlen, der im Bewusstsein des offenen Himmels lebt.

Eine ganz andere Art von Freiheit. Und da hörten wir in der heutigen Lesung von den Widersachern des Stephanus: „Doch einige von der sogenannten Synagoge der Libertiner und Zyrenäer und Alexandriner erhoben sich, um mit Stephanus zu streiten.“ Von den Leuten aus der Synagoge der Libertiner ist hier die Rede. Die Libertiner waren freigelassene Sklaven, aber auch Juden, die aus Kriegsgefangenschaft entlassen worden waren. Die haben doch eigentlich erlebt, was es heißt, frei gelassen zu sein, frei zu sein. Aber wenn natürlich einer sich erhebt, der eine größere Freiheit verkündet als die der Libertiner, dann sind es gerade diese, die zuerst aufstehen, um sich gegen Stephanus zusammen zu rotten. Freiheit als ein hohes Gut des Menschen ist immer noch eine geknechtete Freiheit, wenn der Mensch sein Leben diktieren lässt von der Angst. Das ist übrigens auch heute ein hoch aktueller Gedanke.

Und so stirbt Stephanus mit der Freiheit, sogar den Feinden vergeben zu können. Ohne Hass. Und so erfahren die Weihnachtstage von Stephanus her eine wichtige Interpretation: Weihnachten als das Ereignis, durch das der Himmel dem Menschen gegenüber so geöffnet ist, dass er zu einer neuen Freiheit befreit wird. Uns so ist wohl doch das Christkind zu Stephanus gekommen.

Predigt am Fest der Heiligen Familie

Liebe Schwestern und Brüder!

Sie kennen sicherlich auch den Spruch: „Jeder Mensch ist ein Kind seiner Zeit". Gemeint ist damit, dass wir von dem, was uns in unserer Kindheit umgeben hat, was uns beeinflusst hat, ein Leben lang geprägt bleiben können. Wir sind z.B. im 20. Jahrhundert groß geworden, im stark wissenschaftlich geprägten Zeitalter. Das merkt man uns an: Für viele gilt nur als wahr und als bedeutsam, was man beweisen kann. Poesie, Dichtung, Kunst, Musik, Religion, gar Träume als Offenbarung von Wahrheit spielen bei vielen so gut wie keine Rolle mehr. Ganz im Gegensatz zu früheren Generationen.

Eine große Rolle der Prägung spielt dabei das Elternhaus. Ich möchte dies einmal in Bezug auf unser Verhältnis zu Gott mit Ihnen bedenken. Stellen wir uns einmal ein Kind vor, dass in seinem Elternhaus sehr streng erzogen worden ist. Seine Kindheit war geprägt von Angst, etwas Unerlaubtes oder Falsches zu machen, weil es dann gleich Schläge setzt. Der Vater überaus reizbar und schnell zornig, - unfähig, zärtliche Gefühle zu zeigen, geschweige denn, Liebe zu schenken. Wie soll ein Kind mit solchen Vater-Erfahrungen später einmal „Vater-Unser" beten können. Ein solcher Mensch wird seine Kindheitserfahrungen im Elternhaus auf Gott übertragen und vor Gott auch immer Angst haben, bestraft zu werden. Nicht die Freude an Gott, nicht die Erfahrung, von Gott zärtlich geborgen zu sein, werden seinen Glauben prägen, sondern immer ein schlechtes Gewissen, immer Angst vor Strafe und Hölle. Für einen solchen Menschen bleibt oft nur ein Ausweg: Aufzuhören, an Gott zu glauben, um erst diesen ganz verkorksten Glauben loszuwerden und ihn später wieder neu zu entdecken. Hoffentlich. Es ist durchaus so: Unsere Erfahrungen im Elternhaus übertragen wir schnell auf Gott. Es fällt uns schwer, bei Gott

Liebe und Geborgenheit zu erfahren, wenn wir im Elternhaus dies nie erfahren haben.

Und es ist von daher einmal sehr interessant zu fragen, wie wohltuend muss wohl Jesus sein Elternhaus, Maria und Josef, erfahren haben, dass er später fähig war, so liebevoll von Gott zu reden. Denken Sie nur an die Gleichnisse vom verlorenen Sohn, vom guten Hirten: Gott, der den Verlorenen nicht bestraft, sondern ihn liebevoll aufnimmt. Welche Liebe und Geborgenheit muss Jesus in seiner Kindheit erfahren haben, dass er später so liebevoll von Gott reden kann?

Wenn wir heute das Fest der Heiligen Familie feiern, tut es uns gut, sich daran zu erinnern. Jesus hätte nicht so liebevoll von Gott sprechen können, wenn er nicht diese Liebe und Zärtlichkeit bei seinen Eltern, bei Maria und Josef, erfahren hätte. Deswegen ist die erste Gottesverkündigung die Liebe, die Zärtlichkeit, die Geborgenheit. Das ist oft vergessen worden. Oft wurden Kinder gezwungen: Zur Beichte, zum Gottesdienstbesuch, zur Firmung, zum Gebet, es wurde ihnen Angst eingejagt: „Wenn du das nicht tust, bestraft dich Gott". Auf diese Weise hat man in den Kindern Gott vergiftet, und man muss sich überhaupt nicht wundern, wenn diese Kinder später einmal von Gott nichts mehr wissen wollen. Sie wollen nämlich von **d i e s e m** ihnen anerzogenen Gott nichts mehr wissen. Hätten sie einen anderen Gott kennengelernt, würden sie durchaus noch im Glauben bleiben können. Nein, an der Heiligen Familie können wir ablesen, dass die Liebe die erste Gottesverkündigung ist. Denn Gott ist die Liebe; und wenn ich Liebe gebe, gebe ich Gott weiter.

Welche Einstellung ist dabei wichtig? Es ist eine Erfahrung, die wir heute im Evangelium gehört haben, eine Erfahrung, die Josef immer wieder gemacht hat, wenn es heißt: „Im Traum erschien ihm ein Engel des Herrn". Allein heute im Evangelium kommt dreimal diese Redewendung vor. Im Traum erscheint Gottes Botschaft. Gemeint ist damit: Gott ist nicht äußerlich als Tatsache zu bewundern wie der Eiffelturm in Paris, sondern zutiefst innerlich in mir. Gott ist nicht

Gegenstand des Wissens, sondern Beistand unseres Lebens. Ich kann den Katechismus auswendig lernen, die Zehn Gebote, das Glaubensbekenntnis, trotzdem von Gott keine Erfahrung haben. Denn Gott ist innerlich. Und er spricht zu mir die zärtliche Sprache des Träumenden, die Stille der Nacht ist der Ort seiner Rede, nicht der Lärm der Straße. Nur wenn ich mich darauf mutig einlasse, still zu werden, hinzuhören, abzuschalten, kann ich Gott wahrnehmen als zärtlich Flüsternden. Maria und Josef konnten Jesus an Liebe nur das schenken, was sie selbst von Gott empfangen haben. Und so wird uns die Heilige Familie tatsächlich zu einem Vorbild, wie Menschen von Gottes Liebe erfüllt sein können.

Predigt an Neujahr

Liebe Schwestern und Brüder!

Wenn wir heute uns hier in der Kirche versammeln, um gemeinsam in diesem Gottesdienst den Segen für das neue Jahr zu empfangen und die Erfahrung seiner uns begleitenden Gegenwart durch das heilige Sakrament machen, wenn wir also sozusagen unsere Hoffnungen auf das noch zukünftige neue Jahr richten, dann hängt das, was wir an Hoffnung aufbringen, immer auch davon ab, wie wir das vergangene Jahr erlebt und angenommen haben. Oder anders formuliert: Kann ein Mensch Hoffnung für das Zukünftige aufbringen, wenn ihm im Vergangenen immer nur Enttäuschung zuteil wurde? Oder nochmals anders formuliert: Ist nicht die Gefahr groß, vor dem Zukünftigen deshalb weg zu laufen, weil man das Vergangene noch gar nicht angenommen hat? Letztlich geht es um das einzige Ziel, dass uns als Mensch aufgegeben ist: So „ja“ zu sich und seinem Leben zu sagen, wie Gott „ja“ sagt zu mir. Nur dann können wir auch wirklich in das Zukünftige gehen.

Wir haben Abschied genommen vom vergangenen Jahr und lassen es zurück. Jeder ist in diesem Jahr seinen Lebensweg und seine Glaubensweg gegangen. Und alle sind sie verschieden. Und diese Verschiedenheit der Lebenswege und Lebenserfahrungen sind Ausdruck der unendlichen Vielfalt Gottes. Gott ist eben nicht der, dem irgendwie nichts mehr einfiele und sich deshalb Glaubens- und Lebenswege verdoppeln müssten. Die vielfach verschiedenen Lebenswege entspringen der unendlichen Fülle Gottes, der die Quelle allen Lebens ist. Deshalb bin ich selbst der Maßstab meines Lebens, nicht die Erwartungshaltungen der anderen. Bin ich auf dem Weg, den Gott mir zugedacht hat, - auch wenn ich nicht immer genau weiß, was diese „Gott zugedacht“ heißt, und es spielt auch nicht immer eine Rolle, es zu wissen, es genügt, wenn er es weiß – bin ich also auf dem Wegen MEINES Lebens gegangen? Und auf diesen Wegen des Lebens gibt es Etappen: Die Kindheit, die Jugend, die Ausbildung, das Erwachsensein, Familie, Beruf, später das Alter, der Ruhestand usw. Das vergangene Jahr fügt sich ein in eine solche Etappe. So dass wir viel später rückblickend auf eine solche Etappe sagen können: Was sie gut? War die Kindheit gut, die Jugend, meine Lebensentscheidungen nach der Schule usw.? Und immer gibt es nur eine einzige Aufgabe: Ja sagen zu können zu den Etappen des Lebens: „Ja, so wie es war, war es und es gilt, eine solche Etappe als mein Leben anzunehmen." Das letzte Jahr fügt sich also ein in einen solchen Lebensabschnitt. Aber all diese Etappen sind nur Teilabschnitte hin zu dem einen Ziel: Menschwerdung. Vollendung und Heiligung des Lebens.

Vielleicht interessiert uns diese Vervollkommnung des Lebens auch nicht. Auch das würde nicht viel ausmachen, weil wir auch hier hoffen können, dass Gott uns mit seiner Gnade immer zuvorkommt, ob ich es nun wahrnehme oder nicht. Ja, es kann sogar sein, dass wir manchmal selbst an unserer Lebensentwicklung nichts Besonderes entdecken, dass alles ganz banal und alltäglich ist. Oder es kann sogar sein, dass wir das vergangene Jahr eher mit dem Gefühl zurücklassen, dass es da viel Enttäuschungen gab, Rückschläge, Sorgen, Bitterkeit, nicht verwirklichte Pläne, aufgeschobene Vorhaben, menschliche Fehlentwicklung. Und es kann deshalb sein, dass wir das Gefühl haben, dieses Jahr schnellstmöglich wieder zu vergessen. All das ändert eines nicht: Das vergangene Jahr ist ein Abschnitt des Gesamten, dass mit Gottes Gnade und verborgener Führung allein dem Ziel dient, in Gott verherrlicht zu werden.

So können wir lernen, weil Gottes verborgene Gnade wirkt, „ja" zu sagen zu unseren Lebensjahren. Und wenn wir das rückblickend tun können, können wir das jetzt auch nach vorne schauend tun, auf das Kommende hin. Wenn wir rückblickend doch und vielleicht trotz allem sagen können: Ja, die Abschnitte meines Lebens haben mich vorangebracht, dann kann ich genauso hoffnungsvoll sagen: Auch die künftigen werden es tun und ich kann das Kommende annehmen. In dem, was da auf uns zukommen mag, ist auch immer Gottes vorantreibender Geist am Wirken, da Gott selbst das höchste Interesse hat, mein Leben zu vollenden. So gehen wir jetzt mit Zuversicht auf das Kommende, in das kommende Jahr. Heute, am Fest der Jungfrau und Gottesmutter Maria wird uns genau so ein Mensch vor Augen gestellt, der trotz vieler Ungewissheiten die Zukunft zu leben wusste: „Mir geschehe nach deinem Wort.“

Predigt am 2. Sonntag nach Weihnachten

Liebe Schwestern und Brüder!

Wie ein Echo wird uns heute am 2. Sonntag der Weihnachtszeit nochmals das Evangelium vom Weihnachtsfest in Erinnerung gerufen. Es ist ein Evangelium, das uns nicht nur an das Weihnachtsfest zurückdenken lässt, sondern das einen großen Bogen spannt bis zum Anfang: „Am Anfang war das Wort".

Und natürlich stellt sich, wenn ein Wort ergeht, immer auch die Frage: Kommt das Wort an? Findet es Gehör? Findet es Aufnahme? Bei diesem Wort, von dem hier die Rede ist, ist die Frage freilich noch einmal viel zugespitzter. Denn es ist ein besonderes Wort, bei dem es um alles geht. Alles oder nichts. Um Leben oder Tod. „In ihm war das Leben und das Leben war das Licht der Menschen. Und das Licht leuchtet in der Finsternis und die Finsternis hat es nicht erfasst." Die Frage also, ob das Wort Aufnahme findet, wird zu einer Frage von Leben oder Tod. Denn das Wort ist nicht irgendwie Schall und Rauch, das Wort ist Gott selbst. „Das Wort war bei Gott und das Wort war Gott." Wir können also die Frage, ob das Wort Aufnahme findet, dann tatsächlich gleichsetzen mit der Frage: Findet Gott Aufnahme?

Und da fallen uns im ersten Augenblick vielleicht Beispiele ein von gelungener Aufnahme Gottes in das Leben, vielleicht auch Beispiele von Abschottung Gott gegenüber, Verleugnung Gottes usw. Vielleicht denken wir an die Ablehnung Jesu Christi, die sich in seiner Kreuzigung manifestiert hat oder wir denken unmittelbar noch an die Weihnachtsbotschaft, in der es heißt: Sie, die Eltern Jesu, legten ihn in eine Krippe, „weil in der Herberge kein Platz für sie war". Noch nicht einmal geboren, da gab es bereits keinen Platz für Jesus. Keinen Platz haben, dafür steht das Griechische „ou topos". Daraus leitet sich unser Wort „Utopie" ab. Gott hat keinen Platz, Gott ist nur eine Utopie, nichts

Konkretes, nichts Gegenwärtiges, nichts Erfahrbares, nichts Erreichbares. Findet er also Aufnahme oder bleibt er Utopie, ortlos, nicht einmal mehr im Herzen der Menschen.

Diese Ortlosigkeit Gottes ist ja immer schon ein Problem Gottes selbst. Er, der ganz andere, wie will er einen Ort einnehmen? Dann wäre er einer unter vielen anderen Dingen. Gott ist so anders, dass die Ortlosigkeit zu seinem Wesen gehört. Man kann nie mit absoluter Gewissheit sagen, da ist er, aber auch nicht sagen: Da ist er nicht. „Da unterhielten sich einmal zwei; sagt der eine: ich gebe Dir 100 Euro, wenn du sagst, wo Gott wohnt. Sagt der andere: ich gebe die 100 Euro, wenn du sagst, wo er nicht wohnt."

Auch das Alte Testament tut sich schwer, Gott einen Platz zuzuweisen. Oft erscheint er im Dunkel der Wolken, des Donners, verborgen. Denken wir an den brennenden Dornbusch. Geheimnisvoll, unnahbar, nicht greifbar. Oder denken wir an den Versuch, für Gott einen Ort zu bauen, den Tempel in Jerusalem: Nachdem unter Salomo der Tempel fertig gestellt wurde, sagt Salomo selbst: „Wohnt Gott denn wirklich auf der Erde? Siehe, selbst der Himmel und die Himmel der Himmel fassen dich nicht, wie viel weniger dieses Haus, das ich gebaut habe" (1 Kön 8,27). Es ist kein Platz für ihn, nicht unbedingt, weil die Menschen nicht wollen, sondern weil Gott so anders ist.

„Und das Wort ist Fleisch geworden." Wir ahnen das Bestürzende. Gott hat sich selbst einen Ort gesucht und gefunden: Der Mensch. „Und hat unter uns gewohnt". Das ewige verborgene Wort, das Gott selbst ist, tritt aus der Verborgenheit hervor und hat sich einen Ort unter uns ausgewählt. Nun doch greifbar, fühlbar, sichtbar, annehmbar. Und die Antwort des Menschen darauf ist statt Freude oft Angst. Gott darf eben nicht zu konkret werden, nicht zu nahe, lieber weiterhin Utopie, Theorie, Theologie, am Ende die Vernichtung am Kreuz. Aber mit dem Kreuz wurde er nicht beseitigt, im Gegenteil: Es wurde nur erreicht, dass er sich sogar den Ort des Leidens und des Todes als seinen Ort ausgesucht hat. Nun kann man Gott überhaupt nicht mehr ortlos machen. Dieses Kind in der Krippe ist also die konkrete Gestalt Gottes unter den Menschen, Erfahrungsort Gottes, Sakrament. Findet das Wort Gehör?, war die Frage am Anfang. Eine Frage auf Leben und Tod, eine Frage nach Licht und Dunkel. Ja, wo wir auf Christus hören, hört Gott auf, eine Utopie zu sein und wird lebendig in unserer Welt und schafft Licht und Leben. Konkret, geschichtlich, greifbar.

Predigt am Hochfest der Erscheinung des Herrn

Mt 2,2-12

Liebe Schwestern und Brüder!

Es ist noch nicht lange her, da haben wir Weihnachten gefeiert. Und für so manche ist das Weihnachtsfest verbunden mit dem, was man „Geschenkestress" nennt. Zwei Fragen verursachen diesen Stress, solange wie diese Fragen unbeantwortet bleiben: Erstens: Wem beschenke ich dieses Mal? Zweitens: Was schenke ich? Ist die erste Frage geklärt, kommt die viel schwierigere zweite Frage: Was schenke ich diesem Menschen? Es muss ja passen. Ich kann ja einem Nichtalkoholiker schlecht eine Flasche Himbeergeist schenken oder einen, der Flugangst hat, eine Flugreise nach Südafrika. Ein Geschenk muss zu dem, dem ich was schenken will, passen. Es muss stimmig sein. Anders ausgedrückt: Ein Geschenk drückt auch immer etwas aus über den zu Beschenkenden.

Ob nun die heiligen drei Könige Geschenkestress hatten, wissen wir nicht. Jedenfalls war es schon so, dass ein Stern sie auf die Geburt eines Königskindes hinwies. Daraufhin machten sie sich auf den Weg, um das Königskind aufzusuchen. Und natürlich nimmt man für einen solchen Besuch Geschenke mit. Aber diese Geschenke müssen passen, sie müssen stimmig sein, sie müssen etwas ausdrücken über das neugeborene Königskind. Und wir wissen ja, was die drei Könige mitbrachten: „Und sie brachten ihre Gaben dar: Gold, Weihrauch und Myrrhe".

Schon früh hat man sich gefragt: Wie passen diese Geschenke zu dem Königskind? Was wollen diese Geschenke ausdrücken?

Zunächst mal das Gold. Gold kann ja nie schaden. Ist immer ein gutes Geschenk. Gold ist das Symbol des Königlichen. Die goldene Krone. Gold bezeichnet das neugeborene Kind als Königskind. Herodes erschrickt deshalb, als er hört, dass ein Königskind geboren sein soll. Herodes duldet absolut keine Opposition. Auch Pilatus wird später fragen: „Bist du der König der Juden?“ Und Jesus wird ihm antworten: „Mein Königreich ist nicht von dieser Welt; wenn es von dieser Welt wäre, würden meine Leute für mich kämpfen.“ Es ist ein Königskind. Seine Herrschaft aber ist nicht eine vorübergehende, vergängliche, angemaßte. Seine Herrschaft ist von absoluter Souveränität. In seiner Herrschaft liegt unser Leben, geborgen, behütet, gerettet, erlöst. „Ihm ist alle Macht gegeben im Himmel und auf Erden“, wird es später die Johannes-Apokalypse zu lesen sein. In seiner Souveränität liegt zutiefst unser Leben, so dass nichts unserem Leben etwas anhaben kann. Er ist der König. Gold bezeichnet dieses sein Königtum.

Weihrauch ist das zweite Geschenk. Weihrauch gilt allein den Göttern, dem Göttlichen. Im Tempel wurden Rauchopfer dargebracht für den einen wahren Gott Israels. Weihrauch als Geschenk bezeichnet das neugeborene Kind als Gotteskind, ja als Gott selbst, denn nur ihm allein gilt der Weihrauch.

Und dann Myrrhe als drittes Geschenk: Myrrhe ist ein aromatisch bitteres Gummiharz, das verschiedenen Spezereien und Ölen beigemengt wurde. Die Bitterkeit dieses Harzes verweist auf den bitteren Tod Jesu. Und hier wird nun deutlich: Weihrauch und Myrrhe gehören zusammen. Beides wird aus Bäumen als Harz gewonnen. Weihrauch ehrt den Gott, Myrrhe bezeichnet die totale Selbstentäußerung Gottes in Jesus Christus; so wie es später heißt: „Er war Gott gleich, hielt aber nicht daran fest, Gott gleich zu sein, sondern entäußerte sich und ward gehorsam bis zum Tod, bis zum Tod am Kreuz“.

So können wir abschließend die Geschenke der heiligen drei Könige nun klar deuten Sie bezeichnen das Kind und passen zu diesem Kind. In den heiligen drei Königen bekennen die Menschen, die sich aufmachen zu ihm: Du bist der Gott, dem allein Weihrauch gebührt, Ehre, Anbetung, Dank. Und du bist der Gott, der nicht bei sich selbst bleiben will, sondern der uns so geliebt hat, dass er unser Leben angenommen hat bis hin zum Kreuz, deshalb bringen wir dir Myrrhe. Aber genau deshalb, weil du unser Leben so getragen hast, bist du unser König geworden. Als Zeichen dafür bringen wir Gold dar. Du bist unser König, in dir sind wir geborgen und gerettet. Das ist das Bekenntnis der heiligen drei Könige, indem sie so das Kind beschenken. Es ist auch unser Bekenntnis, wann immer wir zu Christus kommen, auch jetzt im Gottesdienst.

Predigt am Fest Taufe des Herrn

Jes 55,1-11; 1 Joh 5,1-9; Mk 1,7-11

Liebe Schwestern und Brüder!

Ich hatte ein Teil meines Theologiestudiums in Innsbruck verbracht. Eine wunderschöne Stadt. Nur als Nordhesse konnte ich mich auf Dauer nicht so sehr mit den Bergen ringsum anfreunden. Anfangs war ich fasziniert: Schaute ich aus meiner Wohnung in Richtung Süden, da waren da die Berge in Richtung Südtirol, Berg Isel mit seiner Sprungschanze, der gewaltige Glungezer, schaute ich aus dem anderen Fenster Richtung Norden, dann war da die mächtige Wand des Karwendelgebirges mit dem Havelekar. Auf Dauer aber war es sehr beengt. Denn zwischen diesen beiden Gebirgszügen quetschte sich die Stadt hinein. Als ich dann wieder einmal nach Kassel kam, und wir im Bergpark Wilhelmshöhe spazieren gingen, da hatte ich plötzlich wieder ein Gefühl von Weite: Mensch, man konnte ja den Horizont wieder sehen. Man sage mal nichts: Auch das flache Land hat etwas für sich. Unbegrenztes Schauen, Weite ohne Schranken. Ich erlebte wirklich ein Gefühl von äußerer und damit verbunden innerer Weite. Ich denke, Sie werden auch solche Gefühle kennen wie: Horizonte tun sich auf. Grenzen fallen nieder. Einmal wieder richtig durchatmen können. Innere Engen und Beklemmungen verschwinden. Neues wird sichtbar. Aus Gefangenschaft entlassen. Das Leben weitet sich.

Und ich frage mich, ob das nicht eine Erfahrung sein könnte, die uns heute im Evangelium geschildert ist – eine Erfahrung, die Jesus in seiner Taufe gemacht hat, wenn es dort heißt: „Und als Jesus aus dem Wasser stieg, sah er, dass der Himmel sich öffnete.“ Was für ein Gefühl von Weite, einen Zusage von Weite! Das Himmelsfirmament selbst, die Feste da oben, unter der wir alle eingepackt sind, öffnet sich. Was muss das für ein Gefühl von Lebensweite sein! Ungeahnte Horizonte tun sich auf! Ungeahnt Neues gibt die Sicht frei. Neu durchatmen.

Ganz anders leben können. Erfahrung und Zusage der Taufe. „Und eine Stimme aus dem Himmel sprach: Du bist mein geliebter Sohn, an dir habe ich Gefallen gefunden". Welche Horizonte tun sich auf, welch eine neue Sicht auf das je eigene Leben wird möglich, wenn uns das liebende Wort Gottes gilt: „Ich habe an dir Gefallen gefunden!"

Können wir so etwas auch von uns glauben? Manche zweifeln, halten sich für unwürdig, meinen, nicht im Gefallen Gottes zu stehen, weil sie meinen, das Gefallen Gottes hinge von ihrer moralischen Vollkommenheit ab. Deshalb brauchen wir Zeichen, die uns diese Wahrheit von Gott her immer neu in Erinnerung rufen. Von diesen Zeichen ist in den ersten beiden Lesungen die Rede gewesen. Jesaja spricht in bildhafter Sprache: „Auf, ihr Durstigen, kommt alle zum Wasser! Auch wer kein Geld hat, soll kommen. Kauft Getreide, und esst, kommt und kauft ohne Geld. Kauft Wein und Milch ohne Bezahlung!" Bilder des Lebens: Wasser, Getreide, Wein, Milch. Auch die zweite Lesung aus dem ersten Johannesbrief greift solche Bilder auf: „Wer sonst besiegt die Welt außer dem, der glaubt, dass Jesus der Sohn Gottes aus Wasser und Blut gekommen ist: Dieser ist es, der durch Wasser und Blut gekommen ist: Jesus Christus. Er ist nicht nur im Wasser gekommen, sondern im Wasser und im Blut." Geheimnisvolle, tiefe Wort; Bilder des Lebens: Wasser und Blut. Und gleichzeitig sind sie Zeichen unserer sogenannten „Sacramenta maiora", unserer beiden Hauptsakramente: Taufe und Eucharistie.

Wenn wir nun diese Zeichen des Lebens aus dem Jesajabuch und dem Johannesbrief zusammen fassen, also: Wasser, Getreide, Wein, alles ohne Bezahlung, und wie bei Johannes: Wasser und Blut - und wenn sich diese Zeichen in der kirchlichen Liturgie sakramental verdichten und in Taufe und Eucharistie die göttliche Wirklichkeit abbilden, dass uns nämlich in Taufe und Eucharistie tatsächlich ein Leben, umsonst geschenkt, von jenseits her gegeben wird, dann geschieht hier in den Sacramenta maiora genau das, wovon das

Evangelium spricht: „Der Himmel öffnet sich“. Wir feiern also immer neu die Zeichen, die uns den offenen Himmel erfahren lassen, so dass wir es auch glauben können. Denn wir feiern die Zusage Gottes: „Du bist mein geliebtes Kind, ich habe an dir Gefallen gefunden.“ Wir sollten aufhören, diese Zusage Gottes abhängig zu machen von dem, welche moralischen oder religiösen Vorleistungen wir bringen. Gott hat an uns Gefallen, weil er die Liebe ist, und weil wir Menschen sind.

Der Himmel ist also offen, die Horizonte haben sich enorm geweitet, Neues ist in Sicht, jenseits des Irdischen. Wir können wieder durchatmen, aufatmen, neu leben.

Predigt am Aschermittwoch B

Liebe Schwestern und Brüder!

Mittlerweile haben es sich ja die großen und kleinen Tageszeitungen zur Aufgabe gemacht, den Beginn der Fastenzeit in irgendeiner Form journalistisch aufzubereiten und darüber zu berichten. Auffallend ist für mich jedes Mal, dass Gott dabei nicht vorkommt. Gottlose Fastenzeit. Der Sinn der Fastenzeit scheint sich darin zu erschöpfen, ob es gelingt, durch Fasten einige kosmetische Veränderungen am äußeren Erscheinungsbild zu erreichen oder mal eine Weile gesünder zu leben. Gut! Das ist ja nicht zu verurteilen, hat aber mit dem christlichen Fasten nicht all zu viel zu tun. Was meinen wir denn, wenn wir als Christen heute die Fastenzeit ausrufen?

Die Antwort darauf ist nur eine einzige, kurz und knapp, und dennoch erschöpfend: Die Fastenzeit dient dem Heil des Menschen; sie dient seiner Heiligkeit, seiner Vervollkommnung in dem Sinn, wie Jesus uns aufgefordert hat: „Seid vollkommen, wie euer himmlischer Vater vollkommen ist“. Kurz: Sie dient der – wie wir nachher beten werden – „Erneuerung nach dem Bild Deines Sohnes“; also der eigentlichen Berufung unseres Lebens: Der Heiligkeit und der Gotteskindschaft. Und das ist ein ganzheitliches Verständnis vom Menschen. Die Fastenzeit dient seiner ganzen Existenz – und nicht einfach nur kosmetischen Korrekturen. Ganzheitlich heißt: Der Mensch in all seinen Bezügen.

Und das sind dreierlei: Der Bezug zum Nächsten, der Bezug zu Gott und der Bezug zu sich selbst. Die drei Bezüge des Menschen, die wesentlich für ihn sind, sind die Felder, auf denen Leben zum Gelingen, zur Heiligkeit berufen ist. Aber es gibt auf diesen drei Bezugsfeldern auch Gefahren. Davor warnt Jesus im heutigen Evangelium: Das ist zunächst der Bezug zum Nächsten: „Wenn du

Almosen gibst, lass es nicht vor dir herposaunen, wie es die Heuchler tun. Dein Almosen soll verborgen bleiben". Dann ist das der Gottesbezug: „Wenn ihr betet, macht es nicht wie die Heuchler. Sie stellen sich beim Gebet gern in die Synagogen, damit sie von den Leuten gesehen werden. Du, geh in deine Kammer, wenn du betest und schließ die Tür zu.". Und beim Selbstbezug mahnt Jesus: „Wenn ihr fastet, macht kein finsteres Gesicht wie die Heuchler. Sei geben sich ein trübseliges Aussehen, damit die Leute merken, dass sie fasten. Nein, du salbe dein Haar, wenn du fastest." Vieles ist davon natürlich heute nicht aktuell und muss im Kontext der damaligen Zeit gelesen werden. Aber was sind die Gefährdungen, vor denen Jesus warnt? Es ist die Instrumentalisierung der verschiedenen Lebensbezüge für das eigene Ego. Die verschiedenen Lebensbezüge haben allein meinem Egoismus zu dienen. Wenn man Almosen gibt, dann lohnt es sich nur, wenn man dafür öffentlich Anerkennung bekommt oder wenn es zumindest der eigenen Gewissensberuhigung dient. Wenn man betet, dann muss man etwas davon haben. Für nicht wenige ist Gott ein besserer Talisman, der dafür zu sorgen hat, dass zur richtigen Zeit das richtige Wetter zu herrschen hat. Und auch der Selbstbezug dient der Aufblähung des eigenen Egos. Wenn man fastet, so heißt es hier, dann muss man etwas davon haben. Naja, da sind wir wieder bei den kosmetischen Korrekturen durch die Fastenzeit. Das ist die Gefährdung des Menschen: Er ist wie ein schwarzes Loch, das alle Bezüge um sich herum dazu nutzt, alles aufzusaugen zur eigenen Aufblähung: Den Nächsten, Gott und sich selbst.

Und hier setzt nun die christliche Fastenzeit an: Sie will den Menschen befreien von dem Um-sich-selbst-Kreisen. Er soll sozusagen aus der Ichbefangenheit befreit werden zu einer größeren Freiheit. Die größere Freiheit, die darin besteht, den Nächsten wirklich als Nächsten um seiner selbst willen zu sehen und lieben zu lernen; die größere Freiheit, die darin besteht, Gott nicht ängstlich zu instrumentalisieren für eigene Interessen, sondern Gott darf Gott sein, unnahbar, heilig, unmanipulierbar, liebevoll, sorgend, aber wie er will. Und in Bezug auf sich selbst jene größere Freiheit zu erlangen, die es mir erlaubt, wirklich aus der Gelassenheit zu leben, weil ich weiß, dass Gott in mir ist und ich in ihm. Erst wo Gott aus der Fastenzeit gestrichen wird, wird wie alles im Leben dann maßlos. Oder besser gesagt: Dann wird das eigene Ego zum Maß. Die einzige Frage, was bringt es mir, wird zu tödlichen Lebenseinstellung, die im Gefängnis des eigenen Ich endet.

Es ist in den liturgischen Texten der Fastenzeit oft die Rede von der „Zeit der Buße." Das Wort „Buße" ist uns im religiösen Kontext eher fremd geworden. Wir kennen es eher als Strafe für ein Vergehen: Bußgeld zum Beispiel. Buße im religiösen Kontext heißt aber so viel wie „Wiedergutmachung". Der Büßer war der, der durch Bußauflagen ein angerichtetes Unrecht wiedergutmachen will. So gesehen ist es sinnvoll, die Fastenzeit als Zeit der Buße, der Wiedergutmachung, der Wiederherstellung heilender und heiliger Bezüge zu sehen.

Predigt am 1. Fastensonntag B

Mk 1,12-15

Liebe Schwestern und Brüder!

Mit dem Evangelium von der Versuchung Jesu in der Wüste wird jedes Jahr am 1. Fastensonntag sozusagen die Tür zur Fastenzeit aufgestoßen. Wir gehen durch das Evangelium hindurch wie durch ein Portal, so dass nun, durch das Evangelium eingestimmt, die Fastenzeit vor uns liegt. Und wir hörten heute das Evangelium von der Versuchung Jesu in der Form des Markusevangeliums; typisch für Markus: Kurz und knapp: „Jesus blieb vierzig Tage in der Wüste und wurde vom Satan in Versuchung geführt. Er lebte bei den wilden Tieren und Engel dienten ihm."

Da also spielt sich das Leben Jesu in der Wüste ab: Zwischen wilden Tieren und Engeln. Zwischen dem Bösen, Triebhaften, Reißerischen, Zerstörerischen, unkontrolliert Leidenschaftlichen, und den Engeln, dem Guten, Dienenden, Beschützenden. „Wilde Tiere" und „Engel" ist die ganze Spannbreite des Menschlichen: Mal kann der Mensch böse Bestie sein, mal gut wie ein Engel. Und in dieser Spannbreite des Lebens, die wir alle mehr oder weniger intensiv kennen, ereignet sich Versuchung. Und schon sind wir mitten drin auch in eigenen Erfahrungen. Versuchungen spielen sich ab in der Spannung zwischen „wildem Tier" und „Engel". Versuchung provoziert in mir beide Seite des Lebens: Das Böse oder das Gute, das Dunkle oder das Helle. Das „wilde Tier" oder der „Engel". Für was werde ich mich entscheiden? Die Versuchung lässt mich hin und her schwanken zwischen diesen beiden Polen. Aber um das noch ein wenig besser zu erfassen, bleiben wir zunächst bei dem Begriff „Versuchung".

Nach dem Evangelium wird Jesus vom Teufel in Versuchung geführt. Ist das so? Wenn wir das Vaterunser beten, scheint es so, als wenn Gott in Versuchung führt. Deshalb bitten wir ihn: „Und führe uns nicht in Versuchung“. Lassen wir das noch eine Weile offen. Sie haben vielleicht von dem Fall einer Berliner Kassiererin gehört, die fristlos entlassen wurde, weil man ihr vorwirft, 1,30 Euro unterschlagen zu haben. Eine große deutsche Tageszeitung gab dem Bericht darüber die Überschrift: „Und führe sie nicht in Versuchung“. Gemeint sind verschiedene Berufe, die mit Geld, mit viel Geld zu tun haben, weil der Mensch hier mehr als vielleicht woanders versucht ist, mal einen kleinen Betrag für sich abzuzweigen. „Es wird schon keiner merken.“ Tiefer geblickt geht es allerdings nicht um 1,30 Euro. Tiefer geblickt spielt sich hier die Versuchung ab zwischen „wilden Tier“ und „Engel“, d.h. entscheide ich mich, jemand zu sein, der unterschlägt, raubt, stiehlt oder entscheide ich mich, jemand zu sein, der glaubwürdig ist, vertrauenswürdig. Die Entscheidungen spielen sich auf der Ebene der Existenz ab: Wer bin ich? Wer will ich sein? Für welche Seite in mir entscheide ich mich? „Tier“ oder „Engel“?

Es geht also um Grundsätzliches meines Lebens. Es geht um Klärung und Klarheit. Die Versuchung provoziert eine Entscheidung. Und das ist das Positive an der Versuchung: Sie ruft nach Entscheidung, sie ruft nach Klärung und Klarheit inmitten des Spannungsfeldes „wildes Tier“ oder „Engel“. Ich denke, es ist aber klar, dass ich hier nicht von Versuchungen rede, wie sie die Werbung mit Sprüchen wie „die zarteste Versuchung, seit es Schokolade gibt“, meint. Ich rede hier von existentiellen Versuchungen, die Lebensentscheidungen provozieren. Ich persönlich kann von mir sagen, dass meine Entscheidung Priester zu bleiben, immer dann neu gefestigt wurde, wenn sie am gefährdetsten war, wenn auch die Versuchung gegeben war, aufzuhören. In solchen Zeiten der Suche, der Klärung habe ich wieder Klarheit bekommen. So gesehen ist es gut, dass es Zeiten der Versuchung gibt, weil sie Klarheit schaffen. Und weil es aber weiß Gott keine schönen Zeiten sind, bitten wir Gott: „Führe uns nicht in Versuchung". Aber Gott wird immer wieder auch in Versuchungen führen, weil sie für Klarheit sorgen. Es war bei seinem Sohn so in der Wüste, aber nicht nur da, es war besonders da, als Jesus am Gründonnerstag bittet: „Lass diesen Kelch an mir vorübergehen". Die Versuchung, nicht diesen Kelch des Todes zu trinken, führt Jesus zum Vertrauen: „Nicht mein, sondern dein Wille geschehe". Nein, es ist schon richtig, wenn wir Gott bitten, er möge uns nicht in Versuchung führen. Und es ist auch richtig, wenn wir meinen, die Versuchung komme vom Teufel. Weil in Zeiten der Versuchung tatsächlich in uns auch eine dunkle Seite provoziert werden kann. Wie will ich leben? Egoistisch, ichbezogen, über Leichen gehend oder freundlich, Nächstenliebe ausstrahlend usw.

Zwischen Tier und Engel, in dieser Spannung steht unser Leben. Das Evangelium von der Versuchung Jesu ist das Portal, durch das wir jetzt in die Fastenzeit eintreten. Und damit ist die Tonart angegeben: Es geht um Klarheit, um Klärung, um das ständige neue Mühen, zwischen den Polen von Dunkel und Hell, die beide in uns sind, sich für das Helle zu entscheiden.

Predigt am 2. Fastensonntag B

Röm 8,31b-34; Mk 9,2-10

Liebe Schwestern und Brüder!

Immer wieder mal hört man so Fragen wie: „Was habe ich davon, wenn ich an Gott glaube?" oder: „Was bringt mir Gott? Was bringt's, wenn ich jeden Sonntag in die Kirche renne? usw." Oder manchmal werden diese Fragen nach einer großen Enttäuschung geäußert: „Jetzt habe ich schon immer an Gott geglaubt, habe nach seinen Geboten gelebt, bin in die Kirche gegangen, und was habe ich davon gehabt? Nur Leid und Krankheit". Was bringt mir der Glaube? Ja, das ist nicht nur eine sehr heikle Frage, sie kann auch für den Glauben zur entscheidenden Frage werden.

Bei meinem Vater z.B. war die Frage relativ klar beantwortet. Er hat uns Kindern damals immer erzählt, wie er mit seinen Kameraden im 2. Weltkrieg in Russland von starken russischen Panzerverbänden eingekesselt war. Dann wurde der Ausbruch beschlossen. Unter heftigsten Beschuss, so erzählte unser Vater, lief jeder um sein Leben. Und während er lief und lief, hat er immer gebetet. Am Ende waren weit über die Hälfte der Soldaten gefallen, er aber kam durch und war sich sicher, dass er das dem Gebet zu verdanken hatte. Dieses Erlebnis hat ihn tief geprägt, weshalb er uns Kinder schon früh zum Gebet anleitete. Was bringt mir der Glaube? Diese Frage hätte mein Vater eindeutig beantworten können. Und das ist gut so.

Und dennoch spätestens hier wird deutlich, dass die Frage, was der Glaube bringt, viel tiefer, ja viel mehr ins Unermessliche, ja fast Unvorstellbare hinab reicht. Ich erlebe manchmal, dass der Sinn des Glaubens allzu sehr an Teilaspekten des Lebens festgemacht wird. Rettung aus Not, Gesundheit, gute Familie usw. Ich war vor kurzem in einer Kirche, in der ein Buch auslag, in das die Besucher der Kirche Dankesworte an Gott schreiben konnten. Und es stand da viel drin: „Danke für den schönen Tag, danke für meine Familie, danke für Gesundheit, danke für überstandene Not“ usw. Da ist sicherlich gut, wenn ein Mensch auch in dieser Hinsicht das Danken nicht vergisst. Aber bei dieser geballten Diesseitigkeit habe ich mich doch gefragt: Ist niemand da, der Gott dankt für die Hingabe seines Sohnes, für sein Sterben am Kreuz, pro nobis, für seine Auferstehung, die uns das ewige Leben bringt, für seine Wiederkunft, die eine endgültige Gerechtigkeit garantiert? Warum dankt niemand dafür? Wir müssen den Blick wieder dafür bekommen, worum es zuerst und wesentlich geht: Bei unserem Glauben geht es nicht um **etwas**, sondern um alles. Es geht nicht um Teilaspekte des Lebens, sondern um die Fülle, um die Gesamtheit des Lebens, um Gott.

Und deshalb gibt uns Gott nicht etwas, sondern alles. In seinem Brief an die Römer, aus dem wir in der zweiten Lesung einen Ausschnitt hörten, schreibt Paulus: „Ist Gott für uns, wer ist dann gegen uns? Er hat seinen eigenen Sohn nicht verschont, sondern ihn für uns alle hingegeben – wie sollte er uns mit ihm nicht **alles** schenken?“ Ich glaube, wir müssen immer neu den Blick dafür schärfen, was der Glaube wirklich als Geschenk von Gott erkennen sollte: Gott selbst, der sich uns in Jesus Christus geschenkt hat. Deshalb ist nichts mehr gegen uns: Kein Tod, keine Schuld, keine schlechtes Wetter. Deutlich wird das, wenn wir in der Eucharistiefeier das Große Dankgebet, das Hochgebet, sprechen: „Lasset und danken, dem Herrn, unserem Gott“, so lautet die Einladung dazu; und alle antworten: „Das ist würdig und recht“; und jetzt beginnt das Dankgebet. Und für was danken wir da? Für was zu danken ist „würdig und recht“? Für die Menschwerdung, für Erlösung, für den Tod Jesu, für seine Auferstehung, kurz: für all diese großen Heilsereignisse. Und das Hochgebet kulminiert schließlich im Dank für Christus selbst, der unter den Zeichen von Brot und Wein sich selbst für uns hingibt. Es geht im Dank um alles, was wirklich unser Leben rettet: Gott selbst, der sich uns schenkt in Christus. „Ist Gott für uns, wer ist dann gegen uns?“ Was habe ich davon, wenn ich an Gott glaube? Was bringt mir Gott?

Ich glaube, manche Christen haben den Blick dafür verloren, was ihnen eigentlich geschenkt ist. Aber geht das immer? Leider nicht. Manchmal ist es tatsächlich so, dass sich der Blick für Gott verdunkelt. Das Krankheit, Siechtum, Schicksal, Verlust über einen Menschen kommen, und der Blick für das, was Gott schon längst geschenkt hat, verloren geht. Eine Hilfe auf diese Frage finden wir im heutigen Evangelium: Jesus steigt mit drei seiner Jünger auf einen hohen Berg. Dort offenbart sich in seiner Verklärung seine Herrlichkeit. Der große Kirchenvater Chrysostomus sagt dazu den schönen Satz: „Die Erhabenheit des Berges war der geeignete Ort, um ihnen die Erhabenheit seiner Herrlichkeit zu zeigen.“ Also, wenn wir es so übersetzen möchte, ein Gipfelerlebnis. Die geheimnisvolle, innwendige Seite Christi, seine Gottessohnschaft, wird offenbar und sichtbar und erfahrbar. Durch diese Erfahrung gestärkt, geht nun Jesus direkt nach Jerusalem, um dort sein Leben zu vollenden. Dort wird es dunkel um ihn. Seine Herrlichkeit geht unter in der Gewalt und im Schmerz des Kreuzes.

So kann es uns auch gehen: In Situationen des Kreuzes kann es dunkel werden, so dunkel, dass Gott sich sogar verdunkelt. „Mein Gott, mein Gott, warum hast du mich verlassen.“ Um dann aber nicht unter zu gehen, ist es gut, dass unser Leben geprägt war oder geprägt ist von solchen Gipfelerlebnissen: Wir haben erlebt, was Gott für uns wirklich getan hat. „Er hat seinen eigenen Sohn nicht verschont, sondern ihn für uns alle hingegeben“. Das heißt, den Blick dafür eingeübt zu haben, was Gott **wirklich** für uns getan hat. Und deshalb ist für mich auch der Sonntagsgottesdienst so bedeutsam: Hier feiern wir, was Gott wirklich für uns getan hat. Er gibt sich hin und schenkt sich uns. Hier geschieht Verklärung unserer Existenz: Wir werden gewürdigt, Gott selbst zu empfangen und erweisen uns somit als seine Kinder. Dafür danken wir Sonntag für Sonntag.

Und das ist „würdig und recht". Was habe ich also davon, wenn ich an Gott glaube? Was bringt's, wenn ich jeden Sonntag in die Kirche renne? Was bringt mir Gott? Alles. Nämlich sich selbst und damit meinem Leben eine nicht hoch genug einzuschätzende Hoffnung, Zuversicht, Stärke und inneren Frieden.

Predigt am 3. Fastensonntag B

Ex 20,1-17

Liebe Schwestern und Brüder!

Wenn man die Frage stellte wollte: Mit was beginnen die Zehn Gebote, dann würden wohl die meisten mit dem ersten Gebot „Du sollst neben mir keine anderen Götter haben" antworten. Und genau das ist falsch. In der ersten Lesung hörten wir heute die Zehn Gebote. Und sie fingen an mit dem Satz: „Ich bin der Herr, dein Gott, der dich aus Ägypten befreit hat, dem Sklavenhaus." Wie eine Präambel steht dieser erste Satz am Beginn der Zehn Gebote. Sie erinnern an das große Geschenk der Freiheit, welches Gott den Israeliten gemacht hat.

Und das ist ganz wichtig. Denn was jetzt kommt, nämlich die Gebote, sind der Rahmen, innerhalb dessen Freiheit nur möglich ist. Die Gebote sind die Garantie, dass diese Freiheit nicht wieder verloren geht. Zuerst das Geschenk, dann, aus der Freude darüber, ein entsprechendes Verhalten. Dieses Verständnis der Zehn Gebote als Weisungen, die die Freiheit ermöglichen und bewahren, ist wichtig zu betonen. Deshalb ist es besser, dieses „Du sollst" mit „Du wirst nicht" zu übersetzen. „Ich bin der Herr, dein Gott, der dich aus dem Sklavenhaus befreit hat. Du wirst jetzt nicht …" Es wird also eine Erwartung, eine Verantwortlichkeit zum Ausdruck gebracht. Oft hat man nämlich die Zehn Gebote als Gängelung, als Zwang, empfunden. Man hat die Menschen auch entsprechend gelehrt. Ich will Ihnen nur mal das Beispiel vom vierten Gebot geben. Es heißt schlicht und einfach: Du sollst Vater und Mutter ehren, also, weil die alt gewordenen Eltern nicht mehr für Ihren Lebensunterhalt aufkommen können, ist die Freiheit nur dadurch garantiert, wenn die nachfolgende Generation sich der Älteren annimmt. In einem Katechismus von 1897 heißt es zum vierten Gebot: „Die Dienstboten müssen ihre Herrschaften als ihre

Vorgesetzten betrachten und denselben in allem, was diese erlaubterweise befehlen. gehorsam sein. Dies müssen sie tun in dem Bewusstsein, dass sie durch treue Pflichterfüllung die Aufgabe erfüllen, zu der sie geboren sind. ... Es ist leichter, zu gehorchen als zu befehlen." Das alles unter dem vierten Gebot. Hier wird unter dem vierten Gebot das Duckmäusertum sanktioniert.

Die Zehn Gebote haben eine universelle Geltung aber gerade deshalb, weil sie Garanten der Freiheit sind. Ich möchte mit Ihnen das einmal bei einigen Geboten kurz durchgehen.

Erstes Gebot: Du sollst keine anderen Götter neben mir haben. Götzen haben die Eigenart, dass sie die Menschen knechten. Es müssen ihnen Opfer gebracht werden, damit sie gnädig sind. Den Götzen muss man sich bedingungslos unterwerfen, sonst könnten sie böse sein. Keine anderen Götter. Gott ist anders. Er will nicht die Knechtung des Menschen. Er macht frei. Das ist heute wieder so wichtig zu betonen. Wir haben geglaubt, wenn wir Gott abschaffen, wären wir frei. Heute merken wir mehr und mehr, wenn wir Gott abschaffen, werden wir zu Knechten. Angst vor dem Sterben, Angst zu kurz zu kommen. So opfert man heute sein Leben den neuen Götzen. Diese aber verlangen Opfer von uns, viele Opfer. Götzen haben es eben an sich, dass sie die Menschen unterwerfen. Gott befreit uns von diesen Ängsten. Mehr und mehr merken wir, dass mit der Abschaffung Gottes die Freiheit eben nicht größer geworden ist, im Gegenteil.

Drittes Gebot: Du sollst den Sabbat heiligen. Überlegen wir mal: Welch ein Fortschritt. Im ganzen damaligen Kulturkreis gab es das nicht. Ein Tag in der Woche ist frei für alle; sogar für die Sklaven, ja sogar für die Tiere. Ein Tag, an dem das Volk Israel wirklich die Freiheit feiern soll. Nicht wieder Sklave der Arbeit werden, des Produzierens, des Konsumierens. Der Mensch definiert sich eben nicht von dem, was er leistet oder was er besitzt. Der Mensch hat seine Würde vor aller Arbeit. Diese innere Freiheit wieder zu spüren: „Ich bin wer, unabhängig meiner Leistung und meines Besitzes", täte heute wieder gut. Wir unterwerfen uns ja förmlich dem Produzieren und Besitzen, weil viele Menschen meinen, sich erst dadurch ein Ansehen zu schaffen. Götzen können knechten. Da haben wir's wieder. Einmal in der Woche also diese Freiheit spüren und dem danken, der uns ins Leben gerufen hat.

Viertes Gebot: Du sollst Vater und Mutter ehren, damit du recht lange lebst in dem Land, das der Herr, dein Gott, dir gibt. Das ist kein Gebot für Kinder, wie man immer wieder versucht hat, den Kindern einzuschärfen: Wenn du nicht deinen Eltern gehorsam bist, ist das eine Sünde gegen das vierte Gebot. Nein: Das ist kein Kindergebot, sondern ein Gebot für Erwachsene.

Als letztes Beispiel: Das siebte Gebot: Du sollst nicht stehlen. Das ist ja nun ganz interessant. Dieses Gebot wurde ganz anders verstanden als wir das heute tun. Wir meinen, mit dem siebten Gebot ist zuerst und allein gemeint: Man soll einem anderen nicht wegnehmen, was ihm gehört. Ladendiebstahl zum Beispiel oder einem das Auto klauen. Natürlich gehört das auch zum siebten Gebot. Aber ursprünglich war etwas anderes zuerst damit gemeint. Die Israeliten wussten, dass ihnen das Land von Gott geschenkt war. Es gab also in dem Sinn kein Landbesitz. Alles gehörte Gott. Und alle sollten gleichen Anteil haben an Land und Gütern. „Du sollst nicht stehlen" heißt also: Du sollst einem anderen nicht wegnehmen, was er zum Leben braucht. Alles ist nämlich für alle bestimmt. Der Diebstahl fängt also dort an, wo jemand mehr besitzt, als er braucht, und deshalb ein anderer zum Leben zu wenig hat. Diebstahl ist also die ungleiche Verteilung der Güter. Der heilige Ambrosius hat das im 4. Jahrhundert ganz drastisch ausgedrückt: „Wenn ein Armer einem Reichen etwas Geld stiehlt, dann ist nicht der Arme der Dieb. Er hat sich nur geholt, was ihm gehört. Der Reiche ist der Dieb, denn er hat durch seinen Reichtum dem anderen weggenommen, was er zum Leben braucht." Dies klingt sehr hart; aber wenn Gott die Erde für alle erschaffen hat, dann ist schon zu fragen, wer der Dieb ist. Hier bekommt nun das siebte Gebot auch eine Relevanz für die weltweite

Gerechtigkeit. Wer ist der Dieb, wenn 20% der Menschen über 90% der Güter verfügen, während 80% den Rest teilen müssen? „Du sollst nicht stehlen", du sollst nicht wegnehmen, was ein anderer zum Leben braucht. Freiheit kann es nicht nur für einige wenige geben.

Die Zehn Gebote als Charta der Freiheit. Wenn wir sie wieder so begreifen, dann sind sie etwas sehr Kostbares. Freiheit ist nur möglich in der Befolgung dieser Gebote. Unser Gott ist nicht ein Gott, der uns mit Geboten knechten will, sondern der durch seine Weisungen unsere Freiheit und unser Leben garantiert haben möchte. Und vielleicht ist dieser Gedanke, dass die Gebote die geschenkte Freiheit bewahren wollen, doch auch in der heutigen Zeit mal neu zu bedenken. Was ist uns gerade in den westlichen Demokratien an Freiheit geschenkt. Und wie sehr haben die Verfassungsväter dies gewusst und durch die Verfassung die Freiheit sichern wollen. Und wie sehr sind wir in der Gefahr, durch Gier und vordergründigen Egoismus vieles wieder aufs Spiel zu setzen. Es tut ein Bewusstsein gut, dass uns sagt: Mir ist in unserem Land so viel geschenkt und deshalb will ich das Meine dazu beitragen, dass dieses Geschenk nicht verloren geht. „Ich bin der Herr, dein Gott, der dich aus Ägypten, dem Sklavenhaus geführt hat."

Predigt am 4. Fastensonntag B

Joh 3,14-21

Liebe Schwestern und Brüder!

Wie Sie ja wissen, ist die Astronomie mein Hobby. So verbringe ich manche Nacht draußen am Teleskop. Die sternenklare Nacht ist für mich von daher immer etwas sehr Liebgewordenes. Wenn die Sonne untergegangen ist, sich Dunkelheit breit macht, die Finsternis den Sternenhimmel freigibt, der sonst im Licht des Taggestirns verborgen ist, wenn die Dunkelheit die Pupillen der Augen weit geöffnet hat, um sensibel zu werden für Lichtschwaches, sonst Verborgenes, wenn innere Ruhe eingekehrt ist, weil man keinen Besuch und kein Telefonanruf erwartet, also keine äußere Ablenkung mehr da ist, wenn das Gehör in der Stille ebenfalls viel sensibler geworden ist, kleinste Geräusche, ein Rascheln im Gras, wahrnimmt: Dann ist es Nacht geworden. Dann werden Dinge offenbar, die tagsüber verborgen bleiben. Ja, die Nacht hat schon was. Auf das Wenige, was der Mensch noch nachts wahrnehmen kann, ist er umso mehr fokussiert. Und es offenbart sich Verborgenes.

Das heutige Evangelium, das wir gerade hörten, handelt von einem Gespräch in der Nacht. Der Pharisäer Nikodemus sucht Jesus bei Nacht auf, weil er von ihm angetan ist, weil er zu ahnen beginnt, dass aus Jesus eine tiefe Wahrheit spricht, Göttliches, ja Gott selbst zur Sprache kommt. Bei Nacht also sucht Nikodemus Jesus auf und es entwickelt sich ein tiefes nächtliches Gespräch. Nachtgespräch. Keine Ablenkung mehr durch die Sinne, keine anstehenden Termine, reine Konzentration auf das Wesentliche. Und da, nachts, tut sich eine fremde Welt auf, wie aus weiter Ferne und doch irgendwie dem Herzen nah. Wichtige Grundworte des Lebens werden angesprochen: Glaube, Liebe, Wahrheit, Leben, Gericht, Licht, Finsternis, Erlösung. Wörter, Worte, Begriffe wie aus einer anderen Welt. Selbst für uns erklingt der Text wie ein fernes Echo aus einer anderen Welt. Vielleicht kann gerade deshalb so ein Text nur nachts gelesen werden, wenn sich Dunkelheit über unsere Welt legt, wenn die äußere Sinnesreizung minimalisiert und neu sensibilisiert wird, um den Sinn dieser Worte aus einer anderen Welt zu ahnen, zu schauen, zu hören. Man fühlt sich unweigerlich an Johannes von Kreuz erinnert, der die „Nacht der Sinne" als Voraussetzung für die Gottesbegegnung beschrieben hat. Der Mensch muss erst durch die Nacht bereitet werden, so wie die Pupillen des Auges erst durch die Nacht jene Weite erfahren, die es dem Auge ermöglichen, Dinge zu sehen, die sonst verborgen sind. Und so findet das Gespräch zwischen Nikodemus und Jesus die Nacht über seinen Fortgang. Jeder Satz wird so zur Offenbarung von Verborgenen, wird zur Gabe, Gnade, Geschenk, Leben. Schritt für Schritt, wie Nikodemus es auffassen kann, führt Jesus ihn ein in diese fremde Welt, in die Welt Gottes, bis wir zu diesem Punkt kommen, an dem das heutige Evangelium einsetzt.

„Wie Mose die Schlange in der Wüste erhöht hat, so muss der Menschensohn erhöht werden, damit jeder, der an ihn glaubt, in ihm das ewige Leben hat." Der Pharisäer Nikodemus versteht natürlich die erste Hälfte des Satzes sofort. Durch die Schlange kam der Tod, einmal im Paradiesgarten und dann in der Wüste, als das wandernde Gottesvolk von Giftschlangen geplagt wurde. Der zweite Teil des Satzes ist rätselhaft. Wieso muss der Menschensohn wie die Tod bringende Schlange erhöht werden? Ist hier eine Identität ausgesagt zwischen der Tod bringenden Schlange und Jesus? Und das alles, „damit jeder, der an ihn glaubt, das ewige Leben hat." Fremd sind auch uns diese Gedanken. Und nochmals hebt Jesus an und vertieft den Gedanken: „Denn Gott hat die Welt so sehr geliebt, dass er seinen einzigen Sohn hingab, damit jeder, der an ihn glaubt, nicht zugrunde geht, sondern das ewige Leben hat." Und wieder dieser Gedanke: Wer an ihn glaubt, hat das Leben. Geheimnisvolle, fremde Gedanken, wie aus einer anderen, fernen und fremden Welt.

Ja, wahrscheinlich muss man wie Nikodemus in der Nacht zu Jesus kommen, damit sich der Sinn besser erschließt, damit die Pupillen des inneren Auges weit geöffnet sind und das innere Augen sensibel wird für diese so verborgene Welt. Wahrscheinlich leben wir zu sehr am Tag, in der Ablenkung, in dem, was wir Leben nennen. Jesus aber spricht von einem anderen Leben, das durch ihn gekommen ist und im Glauben zum Geschenk wird. Wir reden anders vom Leben. In einem Touristenführer über einen berühmten Badestrand steht sinngemäß geschrieben: „Da trifft sich die Szene, da pulsiert das Leben, da wird die Nacht zum Tag gemacht". Hin und wieder muss der Mensch aber – oft gegen seinen Willen – in die existentielle Nacht zurück. Und vielleicht bekommt er dann in dieser Nacht eine Ahnung, was wirklich Leben heißt, wo wirklich Leben herkommt, und wie unsere Lebenssehnsucht nicht enttäuscht wird. Vielleicht ist bei uns zu viel Tag, zu viel Geschrei, zu oft tobt der Bär, zu viel Stress, Ablenkung und Geschäftigkeit. Vielleicht muss mal die Fassade zusammenbrechen, damit das wahre Leben dahinter zum Vorschein kommt. Das wahre Leben, von dem Jesus hier des Nachts mit Nikodemus spricht, ist die Teilhabe an Gott, die uns in Christus geschenkt ist und die durch den Glauben an uns wirksam wird.

Predigt am 5. Fastensonntag B

Hebr 5,7-9

Liebe Schwestern und Brüder!

Jedes Mal, wenn im dreijährigen Lesezyklus jene Stelle aus dem Hebräerbrief dran kommt, die wir heute als zweite Lesung hörten, bin ich eigenartig von ihr berührt. Und obwohl diese Stelle mich jedes Mal so eigenartig anspricht, habe ich noch nie in meinem Leben darüber gepredigt. Das will ich jetzt ändern.

Zum besseren Verständnis sei gesagt, dass der Hebräerbrief ein einzigartiges christologisches Dokument ist, das die Tiefe des Wesens Jesu Christi von allen Seiten auszuloten versucht. Sowohl seine Gottheit wie auch seine Menschheit werden – oft ganz abrupt nebeneinander gestellt – in schwindelerregender Weise ausgeleuchtet. Der eben gehörte Abschnitt taucht ganz tief ein in die Menschlichkeit Jesu Christi, in seine Selbstentäußerung.

„Als Christus auf Erden lebte, hat er mit lautem Schreien und unter Tränen Gebete und Bitte vor den gebracht, er ihn aus dem Tod retten konnte, und er ist erhört und aus seiner Angst befreit worden". Dieser Satz führt bei manchem zu einer Entrüstung: So dürfe man nicht reden von Jesus. Er hat keine Angst gehabt. Er stand über den Dingen. Er war schließlich Gottes Sohn; er wusste, was kommt. „Mit lautem Schreien und Tränen", nein, dass ist des Sohnes Gottes unwürdig. Es gibt eine Art von Religion, die Gefühle verdrängt. Du darfst nicht weinen, du musst glauben. Du darfst keine Tränen haben, Gott ist ja bei dir. Du musst keine Angst haben, es wird ja alles wieder gut. Es gibt eine religiöse Auffassung, die meint, Ängste, Tränen, Schreie, Schwäche seien nicht erlaubt, seien ein Zeichen des Unglaubens. Es gibt eine Art religiöser Auffassung, die den Mensch hart und gefühlskalt macht. „Als Christus auf Erden lebte, hat er mit lautem Schreien und unter Tränen Gebete und Bitte vor den gebracht, er ihn aus dem Tod retten konnte, und er ist erhört und aus seiner Angst befreit worden". Das ist die tiefe Menschlichkeit Jesu Christi; eben nicht nur wahrer Gott, sondern auch wahrer Mensch. Sein Glaube verbietet ihm nicht, zu schreien und zu weinen und Angst zu haben. Sein Schreien, seine Tränen und seine Ängste sind Ausdruck des Widerstandes gegen den Tod, gegen das Sterben, gegen die Ungerechtigkeit. Wo im Namen Gottes keine Tränen mehr fließen dürfen, keine Ängste mehr sein dürfen, weil man sie als Ausdruck des Unglaubens interpretiert, da hat man sich sehr schnell resignativ mit dem Tod, dem Sterben und der Ungerechtigkeit arrangiert. Und Tränen, Schreie und Ängste sind Ausdruck des Widerstandes auch gegen Gott; gegen ein Gottesbild, das uns sagt: Du darfst nicht weinen, Ängste sind verboten. Du musst über den Dingen stehen, Du musst unberührt bleiben von den Äußerlichkeiten des Lebens. Du musst doch glauben.

„Als Christus auf Erden lebte, hat er mit lautem Schreien und unter Tränen Gebete und Bitten vor den gebracht, er ihn aus dem Tod retten konnte, und er ist erhört und aus seiner Angst befreit worden". Und er ist erhört worden, nicht weil er besonders stark war, weil er Tränen unterdrückt hat, weil er heldenhaft in den Tod ging, nein: Er ist erhört worden, weil er Angst hatte, geweint hatte, geschrien hat.

„Obwohl er der Sohn war, hat er durch Leiden den Gehorsam gelernt." Auch hier wieder: Wie hat Jesus Gehorsam gelernt? Gehorsam? Du musst still halten, du musst erdulden, du musst ruhig bleiben, du musst dich fügen, du musst Gott ergeben sein. Nein, so hat er nicht Gehorsam gelernt. Sondern mit Tränen in den Augen, die Fassung verlierend, von Angst gepeinigt, so hat er Gehorsam gelernt.

Es war ein ganz neuer Gehorsam. Jesus musste lernen, was es heißt, in den menschlichen Tiefen der Angst, des Sterbens, des Foltertodes gehorsam zu sein. Das war neu, das kannte er vorher nicht: Im Leiden hat er durch Angst, Tränen und Schreie gehorsam gelernt.

Und so und nur so, auf der Seite der Angst stehend, der Dunkelheit und der Tränen, hat er Gott neu kennen gelernt. Es ist ein Gehorsam gewesen, der Gott neu aufstrahlen lässt. Gott steht auf der Seite der Weinenden, der in Angst Verzweifelten, der Schreienden. Erst dieser Gehorsam, der durch diese Dunkelheit hindurch geht, lässt uns Gott plötzlich selbst auf unserer, auf der dunklen Seite des Lebens erscheinen. So hat Jesus Gehorsam gelernt und Gott neu kennen gelernt als den, der ihn wegen seiner Angst aus dem Tode befreit.

„Zur Vollendung gelangt, ist er für alle, die ihm gehorchen, der Urheber des ewigen Heils geworden.“ Er ist zum Urheber des ewigen Heils geworden. Warum? Jesus hat in seinem Menschsein ja nicht nur seine Angst tränenerfüllt vor Gott gebracht, es waren die Ängste der Menschheit, der vielen Geschundenen, Gequälten, Verzweifelten, all derjenigen, die Angst haben vor Leid, Sterben und Tod. Und so ist Christus auch nicht für sich zur Vollendung gelangt, sondern für alle, deren Schreie er selbst geschrien hat. Christus ist in seiner Selbstentäußerung in die tiefste Menschlichkeit hinabgestiegen, damit niemand mehr so tief fallen kann, dass er sagen könnte: Ich bin aus Gott heraus gefallen. Er ist zum Urheber des Heils geworden.

Predigt am Gründonnerstag

Liebe Schwestern und Brüder!

Vor kurzem habe ich im Fernsehen eine Dokumentation gesehen über Familien, deren Väter für längere Zeit als Soldaten nach Afghanistan mussten. Es waren bewegende Bilder von Angst, Sorge und Abschied. Immer schwebte – oft unausgesprochen – die bange Frage im Raum: Werden wir uns wiedersehen? Bei allen Familien, die in dieser Dokumentation vorgestellt wurden, war eine Geste gemeinsam: Man gab sich etwas mit als Zeichen der Erinnerung. Kinder gaben ihrem Papa eines ihrer Stofftiere mit, damit der Papa immer an das Kind denkt. Und auch der Papa hinterließ ein Erinnerungsstück der Familie, damit auch diese immer wieder an den Papa erinnert wird. Ganz offensichtlich brauchen wir Menschen ganz materielle Dinge, die uns beim Anblicken aneinander denken lassen. Die Gegenwart des anderen als reine Idee, z.B. er lebt ja in meinem Herzen, ist zwar richtig und wichtig, aber doch zu wenig. Damit der andere immer wieder im Herzen ankommen kann, braucht es vergegenständlichte Erinnerungsstücke.
Ich stelle mir vor, dass Jesus im Abendmahlsaal in einer ganz ähnlichen Situation war. Er weiß, er wird und er muss in wenigen Stunden seine Jünger ganz fürchterlich enttäuschen. Er wird sich nicht als der Messias offenbaren, für den sie ihn halten, sondern er wird sterben inmitten zweier Straßenräuber. Die Jünger scheinen das zu ahnen: zu oft schon hat Jesus von seinem bevorstehenden Tod gesprochen. Zu deutlich waren die Hinweise. Die bange Frage: Werden wir dich wiedersehen?, ist eigentlich beantwortet. „Jesus wusste, dass seine Stunde gekommen war, um aus dieser Welt zum Vater hinüberzugehen.“. Jesus weiß es also; die Jünger ahnen es. Und für Jesus kommt es in dieser Stunde, in der sie zum letzten Mal so zusammen sind, darauf an: Welches Zeichen kann ich hinterlassen, damit sie mich nicht aus ihren Herzen

verlieren? Wie kann all das, was ich für meine Jünger bedeutet habe, was ich bin, wie ich gelebt und was ich getan habe, so vergegenständlicht werden, dass diese alles darin weiterlebt und darin erfahrbar bleibt und dass sie mich darin erkennen?

Welche Ansprüche sind an ein solches Zeichen zu stellen? In dem Dokumentarfilm schenkten Kinder ihrem Papa ihr Stofftierchen: „Hier Papa, damit du mich nicht vergisst". Mit dem Stofftierchen haben die Kinder sich identifizieren können, sie waren ein Teil ihrer Liebe. Sie gaben also mit dem Stofftierchen etwas von sich selbst. Ein solches Zeichen muss also dem Anspruch genügen, dass der, der es gibt, sich darin wiederfindet. Der, das Zeichen setzt, wird ein solches Zeichen wählen müssen, dass in ihm sein Leben vorkommt, er darin seine Identität findet. Ja, im optimalsten Fall: Dass er ganz eins ist mit diesem Zeichen. Und so nimmt Jesus im Abendmahlsaal das Brot, teilt es aus und sagt: „Das ist mein Leib". Tut dies zu meinem Gedächtnis. Und er nimmt Wein und sagt: „Das ist mein Blut". Man kann die Worte auch so deuten: Als er Brot nimmt: Das ist mein Leben. In diesem Brot wird wie in einem Brennglas zusammengefasst, wer ich für euch sein wollte und war. Brot für euch, Leben für euch. Ja, das bin ich. Und beim Wein: Das ist mein Blut, das ist meine Hingabe, das ist mein Sterben, das ist mein Weg der Liebe bis zur letzten Konsequenz. Das bin ich – für euch. In Brot und Wein hat Jesus zwei Zeichen gefunden, in denen er sich ganz und gar wiederfinden kann, sein Leben, sein Handeln, seinen Lebensweg bis zur letzten Konsequenz der Liebe am Kreuz. Deshalb sind uns diese Zeichen so kostbar, bis heute. „Tut dies zu meinem Gedächtnis". Brot und Wein sind das zeichenhaft vergegenständlichte Leben und der zeichenhaft vergegenständlichte Lebensweg, der uns an seine Liebe für die Menschen erinnert. Mit Brot und Wein kann sich Jesus als seine Zeichen so identifizieren, dass er sagen kann: Das ist mein Leib, das ist mein Blut. Und bis heute halten wir an den so kostbaren Worten Jesu fest.

Und wir müssen noch einen anderen Gesichtspunkt bedenken, der das eben

Gesagte untermauert und bestätigt. Wenn Jesus mit seinen Jüngern zum Abendmahl zusammenkommt, dann tut er dies in jüdischer Tradition. Für die Juden bedeutet Erinnerung immer Vergegenwärtigung. Wenn die Juden bei ihrem Paschafest des Auszugs aus Ägypten gedenken, dann tun sie es so, als würde das gerade jetzt geschehen. Das Heilshandeln Gottes ist nie Vergangenheit; das Heilshandeln Gottes ist immer Gegenwart, also immer unter uns präsent und erfahrbar. In dieser Tradition steht Jesus. Wenn er also Stunden vor seinem Tod ein Zeichen setzt, das sein ganzes Leben zusammenfasst, dann ist dieses Leben nicht Vergangenheit, sondern dieses Leben ist Gegenwart in diesem Zeichen. Was Jesus in seinem Leben gewirkt hat, bleibt lebendige Gegenwart in diesem Zeichen. In diesem Zeichen erinnern wir uns also nicht einfach an das, was Jesus getan hat, sondern erfahren, dass er derselbe ist unter diesen Zeichen: Er begegnet mir als der, der heilt, hilft, vergibt, die bedingungslose Liebe des Vaters schenkt, tröstet, mahnt, ermuntert. Das Leben Jesu ist nicht Vergangenheit, es lebt fort in diesen Zeichen.

Damit schließt sich der Kreis wieder. Wir sagen „Leib Christi“ und „Blut Christi“. Denn erst diese Verleiblichung macht ja Begegnung möglich. Der Leib ist die Ermöglichung von Begegnung und Erfahrung. Und das ist der Weg, den Christus gehen wollte: Über die Verleiblichung zur Erfahrung seiner immer gegenwärtigen Liebe. Und von der Erfahrung seiner Liebe rührt er unsere Herzen an und kommt in unser Herz. Das hat uns Christus heute hinterlassen.

Predigt am Karfreitag

Liebe Schwestern und Brüder!

Es gibt vieles, was in der Erzählung über das Leiden und Sterben Christi unmittelbar anrührt und berührt. Etwas, was alljährlich mich berührt – und ich denke, es wird vielen von Ihnen ähnlich ergehen – ist jedes Mal die Rolle des Petrus, die abrupt endet mit der Feststellung: „Und gleich darauf krähte ein Hahn". Von nun an verschwindet Petrus aus der Passionserzählung. Der Hahn hat die Verleugnung angezeigt und so – als Verleugner - verabschiedet sich Petrus. „Ich kenne diesen Menschen nicht". Und gleich darauf krähte ein Hahn.

„Ausgerechnet Petrus", so ist man geneigt zu sagen. Ausgerechnet Petrus, der doch immer auf der Seite seines Meisters stand, der für ihn seine Familie und seinen Beruf aufgegeben hat, der noch im Abendmahlsaal gesagt hat: „Und wenn alle dich verleugnen, ich nicht" und „auch wenn ich mit dir sterben müsste, ich verleugne dich nicht".

Was ist da eigentlich passiert? Es greift viel zu kurz und wird dem Petrus nicht im Geringsten gerecht, wenn wir das übliche Erklärungsmuster herbeiziehen: „Petrus hatte Angst. Er wollte seine eigene Haut retten." Das ist nicht richtig. Petrus hatte keine Angst. Er hat ja selbst noch beteuert: „Und wenn ich mit dir sterben müsste, ich verleugne dich nicht." Und das hat er nicht einfach so gesagt, das hat er auch gemeint. Und er hat es auch gleich in die Tat umgesetzt: Als Jesus verhaftet wurde, heißt es hier: „Simon Petrus aber, der ein Schwert bei sich hatte, zog es, schlug nach dem Diener des Hohepriesters und hieb ihm das rechte Ohr ab." Jetzt, in der Stunde der Verhaftung Jesu, war Petrus bereit und er schreitet zur Tat. Er wollte kämpfen für seinen Meister. Er wollte ihn da raushauen, auch auf die Gefahr hin, selbst umzukommen. Nein, nein, Petrus hatte keine Angst. Es muss nach der Verhaftung Jesu etwas viel Tragischeres passiert sein, als dass man einfach sagen könnte: Petrus habe Angst gehabt. Das wird schon deutlich durch folgende Beobachtung: Hier, bei der Verhaftung war Petrus sogar bereit, der Soldateska des Hohepriesters Paroli zu bieten. Wenig später wird eine Frau, die im damaligen Kulturkreis kein Zeugnisrecht hatte und deren Aussagen nicht viel bedeuteten, Petrus erkennen; außerdem heißt es von der Frau, dass sie eine Magd war. Also ausgerechnet in dieser harmlosen Form nähert sich die Gefahr: „Du bist doch auch einer von seinen Jüngern.". Was also ist da passiert, dass Petrus eben noch gegenüber den Soldaten sich klar zu Jesus bekennt, während er bei der Magd leugnet, ihn zu kennen?

Die Antwort gibt uns Petrus selbst. Petrus sagte: „Ich kenne diesen Menschen nicht." Petrus kennt diesen Jesus nicht mehr. Ich glaube nicht einmal, dass Petrus hier gelogen hat; es ist seine persönliche Tragödie und ganz schmerzhafte Erfahrung. Petrus hat Jesus kennen gelernt als den neuen Messias. Alle Hoffnungen richtete er auf ihn. Für ihn verließ er alles und folgte ihm. Jesus war für Petrus von großer Bedeutung. Petrus sah, wie sich Jesus einsetzte für die Armen, die Schuldigen, die Kranken, die Besessenen. Er hörte seine Worte von einer besseren Welt, vom Reich Gottes. Er sah, wie Jesus gegen die religiösen Führer und Verführer predigte. Jesus hielt sich nicht an den Sabbat, weil der Mensch im Mittelpunkt stand. Jesus scheute den Konflikt nicht. Irgendwann kommt die Stunde der Entscheidung. Und jetzt war sie da: Jetzt galt es zu kämpfen. Jetzt kommt es drauf an: Verleugnung ist nur was für Weicheier. „Und wenn ich mit dir sterben werde, ich verleugne dich nie." Und so begann er zu kämpfen. Er zog sein Schwert, um Jesus vor der Verhaftung zu retten. Und dann kommt die alles vernichtende Antwort Jesu: „Steck das Schwert in die Scheide! Der Kelch, den mir der Vater gegeben hat – soll ich ihn nicht trinken?" Kein

Kampf, keine Entscheidung, kein Reich Gottes, sondern ab jetzt nur noch Ohnmacht, Ausgeliefertsein, Spott, Hohn, Folter, Grausamkeit, Kreuzigung und Tod. Petrus konnte es nicht verstehen, dass jetzt alles umsonst gewesen sein sollte. Während die anderen Jünger schon längst das Weite gesucht hatten, ist es Petrus, der sich Zugang verschafft in den Hof des hohepriesterlichen Palastes. Er kann es nicht glauben, was sich hier ereignet. Er hofft vielleicht immer noch auf eine Wende. Aber sie kommt nicht. Nein, sie wird nicht kommen. Stattdessen kommt eine Magd: „Bist du nicht auch einer von seiner Jüngern.“. „Nein.“ „Ich kenne diesen Menschen nicht.“ Und das stimmt. Diesen Jesus kennt Petrus nicht. Für diesen hat er nicht alles verlassen. Diesem ist er nicht nachgefolgt. Diesem, der nun den Kreuzweg geht, wäre er auch nicht gefolgt. Wer folgt schon freiwillig jemanden, an dessen Ende die Niederlage des Kreuzes steht. So verlässt Petrus endgültig den Hof des hohepriesterlichen Palastes und damit die Nähe zu Jesus. „Gleich darauf krähte ein Hahn“. In den anderen Evangelien heißt es dann noch: „Und er ging hinaus und weinte bitterlich.“. Wir müssen über den Sinn dieser Tränen nicht lange spekulieren: Es ist abgrundtiefe Enttäuschung. Eine Beziehung, eine Freundschaft, eine Hoffnung ist zerbrochen. Jesus war ihm nach all den Jahren des Zusammenseins vollkommen fremd geworden. Später, nach der Auferstehung, wird Jesus den Petrus dreimal fragen: „Liebst du mich?“ Es ist die einzig angemessene Frage, weil sie die Beziehung wieder herstellt.

Warum berührt viele - und auch mich – diese Verleugnung so sehr? Weil die Erfahrung dieses Petrus die Erfahrung vieler Menschen ist. Wie viele treten aus der Kirche aus, wie viele verlieren ihren Glauben an Gott und beginnen zu zweifeln, mit genau dem Satz des Petrus: „Ich kenne ihn nicht“. Eine Kirche, die Erfolg hat, eine triumphierende Kirche, die wir gern im Lied „Ein Haus voll Glorie schauet“ besingen und ein Gott, auf den ich zählen kann, ein Gott, der zu kämpfen bereit ist, ja, dazu kann ich leicht ja sagen. Aber was ist, wenn es für die Kirche heißt, den Kreuzweg der Missachtung, der Bedeutungslosigkeit zu gehen? Und was ist, wenn man immer wieder sagt: „Gott, wo bist du, warum hilfst du nicht“, wenn also der Weg des Kreuzes gegangen werden muss, der Weg der Ohnmacht? Dann ist die Gefahr groß, wie Petrus zu sagen: „Ich kenne diesen Gott nicht mehr“. Und dann zerbricht eine Gottesbeziehung. Und gebe es Gott, dass er uns wie bei Petrus eine zweite Chance gibt und fragt: „Liebst du mich?“ Liebst du mich auch im Kreuz, im Untergang, im Tod? Es ist schwer, darauf zu antworten. Weil das Kreuz nicht ins Konzept unseres Lebens passt. Und wir können dem auch nicht einen Sinn abgewinnen, wir nicht und Petrus nicht. Wir müssen da wohl noch drei Tage warten.

Predigt in der Osternacht B

Mk 16,1-8b (!)

Liebe Schwestern und Brüder!

Was haben wir in dieser Nacht für eine wunderbare, schlichte Ostererzählung aus dem Markusevangelium. Hier ist die Rede von Frauen, die unterwegs sind zum Grab, um Jesus durch eine Salbung zum letzten Mal zu ehren und um Verbundenheit zum Ausdruck zu bringen. Natürlich sind nur Frauen unterwegs, weil die Männer ja alle geflohen waren und überhaupt gar nicht wussten, wo Jesus beigesetzt war. Die Rede ist davon, dass das Grab mit einem schweren und großen Stein versiegelt war. Und die Frauen fragten unterwegs: „Wer wird uns den Stein vom Grab wegwälzen?“ Spätestens hier wendet sich die Erzählung ins Bildhafte: Die Frauen, die mit der Salbung ein letztes Zeichen der Verehrung, ein letztes Zeichen der Verbundenheit setzen wollen, spüren: Es geht nicht mehr. Der Tod hat die Verbundenheit zerstört. Die Beziehung ist abgebrochen. Nichts wird mehr so sein, wie es einmal war. Wie ein Stein, den niemand wegwälzen kann, steht der Tod zwischen den Verstorbenen und den Lebenden. Es ist alles aus. Das Leben ist tot wie ein Stein. Und dann kommt das wunderbare Ostergeschehen in den Blick. Der Stein ist weggewälzt, das Grab auf die Ewigkeit hin geöffnet, der Engel verkündet die Botschaft von der Auferstehung und gibt den Auftrag an die Frauen, die Osterbotschaft den Jüngern weiterzuerzählen.

Bis dahin ist alles o.k., schön, wundersam, und für unsere christlichen Ohren auch sehr vertraut. Aber jetzt folgt da doch Irritierendes, Verstörendes. Es ist die Reaktion der Frauen. Es heißt: „Da erschraken sie sehr.“ Und nachdem der Engel ihnen den Auftrag erteilt hatte, zu den Jüngern zu gehen, kommt der merkwürdige Schluss des Markusevangeliums, der leider in der Leseordnung immer unterschlagen wird, obwohl er eindeutig dazugehört und entscheidend ist:

„Da verließen sie das Grab und flohen, denn Schrecken und Entsetzen hatte sie gepackt. Und sie sagten niemand etwas davon, denn sie fürchteten sich“.

Wie ist diese Reaktion zu deuten. Einmal: die Osterbotschaft ist so unerhört neu, so quer zu unseren Gewohnheiten von der Vergänglichkeit des Lebens, so von Bedeutung auch für unsere irdischen Tage, dass die erste Reaktion eigentlich nicht die Osterfreude ist, wie wir das so gewohnt sind, sondern das Erschrecken und Entsetzen. „Ja, wenn es so um mein Leben bestellt ist, dass es auf die Ewigkeit hin geöffnet ist, was bedeutet das dann auch für mein irdisches Dasein?“ Erschrecken und Entsetzen ist deshalb die erste Reaktion; die vorschnelle Rede von der Osterfreude greift insofern zu kurz, weil vielen Menschen sowieso die Sehnsucht nach ewigem Leben fehlt. Es fehlt an Freude, weil es einem egal ist, ob man ewig lebt. Das hat schon Reinhold Schneider in seinen Reisenotizen „Winter in Wien“ angemerkt, als er einer Osterpredigt beiwohnte und feststellte, dass es niemanden interessierte: Wie kann man, so fragte er, von der Osterfreude reden, wenn die Sehnsucht nach ewigem Leben abhanden gekommen ist? Deshalb muss die Osterbotschaft heute so verkündet werden, dass sie nicht bedeutet, „Du hast ewiges Leben“, sondern dass diese Botschaft bedeutet: „Gesetzt den Fall, du würdest ewig bei Gott leben, welche Relevanz hätte das dann für das irdische Leben?“ Man sagt, der Mensch sei das einzige Lebewesen, das weiß, dass es sterben wird. Er lebt im Bewusstsein des Todes. Das prägt sein Leben nicht immer positiv. Er hat Angst zu kurz zu kommen, flüchtet in Scheinwelten, spielt sich selbst als Gott auf. Was ist aber, wenn man sagen könnte: Der Mensch ist das einzige Wesen, das im Bewusstsein seiner Ewigkeit lebt? Ganz Neues wäre möglich. Keine Fluchtstrategien mehr. Wir wissen das von Menschen, die knapp dem Tod entronnen sind oder die Nahtoderfahrungen hatten: Ihre Reaktionen waren nicht Freude, sondern Entsetzen und Erschrecken. Nicht wenige von ihnen haben ihr Leben radikal verändert. Das also ist das erste: Die Osterbotschaft sendet ein Licht auf unser irdisches Leben: „Sie kamen in aller Frühe zum Grab, als eben die Sonne aufging." Erst dann, wenn mein irdisches Leben von der Auferstehungshoffnung erleuchtet und geprägt ist, stellt sich Freude ein.

Heißt das, dass wir am Ende des Gottesdienstes uns wünschen sollen: „Ich wünsche Dir zu Ostern nicht so viel Schrecken" oder wenn wir es gut meinen: „Ich wünsche Dir viel Schrecken?" Natürlich nicht. Denn das Erschrecken ist ja das erste; es kann heilsam sein. Wer aber geprägt ist in seinem Leben von der Auferstehungshoffnung, für den wird Ostern immer neu zur Bestätigung seines Lebens und deshalb zum Fest der Freude. Deshalb jubeln wir und sagen wir: „Christus ist auferstanden, halleluja!"

Aber es ist noch ein zweites an diesem Markusschluss verstörend: „Und sie sagten niemand etwas davon, denn sie fürchteten sich". Die Furcht ist verständlich. Einmal politisch: Die Römer und die Hohepriester und ihre Gefolgsleute dürften an dieser Botschaft kein Interesse gehabt haben. Für die Frauen wäre es eine gefährliche Botschaft geworden. Aber wie soll die Osterbotschaft die Menschen erreichen, wenn die Frauen aus Furcht schweigen; und warum schließt das Markusevangelium mit dem Schweigen? Es ist eine Provokation. Der gläubige Leser soll verstört werden. Spürt er die Gefahr? Spürt er den Verlust, wenn diese Botschaft verschwiegen wird? Fühlt er sich selbst in Pflicht genommen, diese Botschaft weiterzusagen, wenn die Frauen schon schweigen? Wie steht es um uns? Ist diese Botschaft von solcher Relevanz für unser irdisches Leben, dass sie es positiv prägt, befreiend wirkt und dass diese Botschaft eine Heilsbotschaft für die Welt ist? Der gläubige Leser wird hier mit diesem verstörenden Schluss mit Fragen entlassen. Und das ist gut so. Was wäre geworden, wenn die Frauen tatsächlich geschwiegen hätten? Was würde werden, wenn ich schweige?

Predigt an Ostern am Tag

Liebe Schwestern und Brüder!

Vor einigen Tagen stand in unserer Ortspresse ein Lesebrief zum Thema „Auferstehung“. Der Autor beanspruchte für sich - soweit ich ihn verstanden habe - eine aufgeklärte Sicht von Ostern, die mit wundersamen Erzählungen wie das Erscheinen eines Verstorbenen vor den Augen seiner Jünger nichts anzufangen weiß und sie deshalb lächerlich zu machen meint. Auch das heutige Evangelium vom leeren Grab wird immer wieder in das Fabelreich verwiesen und könne dem heutigen Hörer nicht mehr zugemutet werden. Allenfalls seien solche Geschichten als Erfindungen der Kirche zu deuten, um ihre eigene Daseinsberechtigung zu untermauern. Solche oder ähnliche Deutungsmuster findet man in einer angeblich aufgeklärten Literatur immer wieder. Sie verkennt dabei Entscheidendes.

Wenn man Ostern mit Weihnachten vergleicht, stellt man sehr schnell fest, dass sich Ostern grundsätzlich einem säkularen Zugriff entzieht. Selbst die Versuche, Ostern zu kommerzialisieren, erreichen lange nicht die Ergebnisse wie Weihnachten. Während es gelungen ist, Weihnachten als Familienfest zu inszenieren, gelingen solche Versuche bei Ostern überhaupt nicht. Selbst das dumpfe und irgendwie langweilige und blöde Herumstehen bei irgendwelchen weltlichen Osterfeuern unter erheblichen Alkoholeinfluss zeigt die ganze Hilflosigkeit, Ostern zu säkularisieren. Ostern entzieht sich eines weltlichen Zugriffs.

Und das hängt genau mit diesen abstrakten Erzählungen wie vom leeren Grab oder von den Erscheinungen eines Verstorbenen zusammen. Während Weihnachten mit der Geburt eines Kindes eine ganz intensive menschliche Erfahrung thematisiert, ist die Osterbotschaft bar aller menschlichen Erfahrungen absolut abstrakt. Während Weihnachten mit der Geburt eines Kindes auf einen den Menschen zutiefst berührenden natürlichen Vorgang verweist, hat Ostern keinerlei Entsprechung in der Natur. Ostern ist und bleibt dem menschlichen Zugriff einer säkularen Neuinterpretation oder einer Kommerzialisierung entzogen. Ostern bleibt irgendwie immun. Zu anders, zu fremd, ja zu unheimlich ist das, was wir Ostern feiern: Die Auferstehung von den Toten.

Aber genau damit hat der Osterglaube etwas erreicht, was einem Quantensprung gleicht. Mit dem Glauben an die Auferstehung übersteigt der Mensch seinen Erfahrungshorizont. Weil es für Ostern keine Entsprechung in der Natur und in der menschlichen Erfahrung gibt, wird der Mensch durch den Glauben an die Auferstehung provoziert, völlig von sich und den natürlichen Erfahrungen abzusehen. Der Glaube wird reiner Glaube, reines Vertrauen, reines sich Einlassen, ohne Beweis, ohne Sicherheit. Auch in manchen Osternächten gefeierte Sonnenaufgänge als Symbol für die Auferstehung taugen dazu wenig. Ostern hat in der Natur keine Entsprechung. Somit schafft der Osterglaube den Sprung von den oft ichbezogenen Gottesvorstellungen hin zu einem den Menschen übersteigenden Gottesbild, vom Begreifbaren hin zum Geheimnis, vom Erfahren hin zum Staunen, von der geistlichen Behaglichkeit hin zu einer spirituellen Provokation, vom allzu Bekannten hin zu einer gewaltigen Herausforderung des menschlichen Geistes. Das ist anstrengend. Das ist entzieht jeder Behaglichkeit und somit auch dem säkularen Zugriff. Anders als Weihnachten. Ostern ist erheblich anspruchsvoller.

Und zurück zu unserem Leserbriefschreiber: Weil Ostern keine Entsprechung in der Natur oder in der menschlichen Erfahrung hat, hat Ostern keine Sprache, die das Geheimnis erklären könnte. Ostern bedient sich deshalb Sprachbilder, die uns fremd sind: Leeres Grab, Erscheinungen des Auferstandenen, der Auferstandene kommt durch verschlossene Türen, er isst vor den Augen der Jünger ein Stück Fisch usw. Nur der, der die Fremdheit von Ostern nicht wahrhaben will, erklärt diese Geschichten für lächerlich. In Wahrheit wollen diese Geschichten in ihrer Fremdheit und Unglaublichkeit die Fremdheit und Unglaublichkeit von Ostern hervorheben. Eine uns angenehme Schilderung über das Osterereignis kann es nicht geben. An den Erzählungen sollen wir uns stoßen, weil wir uns an Ostern stoßen. Und die Reaktion des Hörers solcher Geschichten ist nicht wie an Weihnachten die Behaglichkeit, sondern die Reaktion soll sein die Ratlosigkeit, die Provokation, ja das Erschrecken bis hin zum blanken Entsetzen. Was wäre mit meinem Leben, wenn das tatsächlich stimmt, dass ich auferstehen werde? Nur wer nicht mehr offen ist für Überraschendes, für Dinge, die nicht dem menschlichen Zugriff unterliegen, nur ein solcher kann die Ostererzählungen lächerlich machen. Für den aber, der sich diese Offenheit bewahrt hat, dass das menschlich Begreifbare nicht alles sein kann, der wird Ostern als Botschaft aufnehmen, die ihn in ein wunderbares Staunen versetzt, ja in ein heilsames Aufhorchen; und er wird die Erzählungen darüber begreifen als die äußerste Provokation seines Glaubens, dass die Auferstehung der Toten ein reines Geschenk Gottes ist, für das wir keine Sprache und keine richtigen Worte finden, auch auf die Gefahr hin, dass solch eine Sprache und solch ein Staunen in den Augen vieler nur noch lächerlich zu klingen vermag. Ostern verweist den Menschen über sich hinaus und macht den Menschen groß.

Predigt am Ostermontag

Lk 24,13-35

Liebe Schwestern und Brüder!

Die Erzählung von den Emmausjüngern ist uns sehr vertraut und sehr lieb geworden. Sie prägt den Ostermontag und ohne sie würde irgendwie etwas fehlen an Ostern. Das Evangelium erzählt den Weg von der Resignation zur Hoffnung, von der Trauer zu neuem Mut, vom Dunkel zum Licht. Es ist daher eine ganz und gar menschliche Geschichte, eine Hoffnungsgeschichte, und gerade deshalb eine christliche Glaubensgeschichte. Denn Befreiung aus Resignation, aus Trauer, aus dem Dunkel geschieht hier, weil sie zum Glauben an Jesus, den Auferstandenen, gekommen sind. Und so gesehen ist diese Erzählung auch zutiefst eine missionarische Erzählung. Und damit eben auch gerade heute eine wichtige Erzählung für uns Christen in einer Zeit der Kirchenkrise. Denn diese Geschichte wiederholt sich immer wieder. Sie wird uns jeden Ostermontag erzählt, und somit ereignet sie sich immer wieder. Denn Ostern heißt ja: Der Herr lebt weiter unter uns. Er sucht weiterhin traurige, hoffnungslose, resignierte Menschen, will sie begleiten und zur Hoffnung führen. Nur erscheint der Herr nicht mehr unerkannt als Jesus, sondern er will unerkannt durch einen jeden von uns erscheinen. Jeder von uns trägt unerkannt Christus mit sich, der durch uns den Menschen nahe sein will. Eine missionarische Geschichte also. Wie kann das heute geschehen?

Der Reihe nach. Da gibt es Menschen, - die Emmausjünger stehen stellvertretend für viele - , die in Trauer sind, in Niedergeschlagenheit, ohne Mut und Hoffnung. Das Leben ist vorbei noch bevor es vorbei ist. Jesus sucht sie auf. Er kümmert sich sorgsam um sie. Er kommt unerkannt. Unbekannt. Er will sie nicht erschrecken, überwältigen. Denn Er, Christus, ist jetzt noch nicht dran. Die Emmausjünger sind dran. Sie dürfen ihre Geschichte erzählen, weil jemand sie einlädt, ihre Geschichte zu erzählen, weil jemand das Gefühl gibt, zuzuhören, da zu sein, Interesse zu zeigen. Er nimmt sich Zeit und ermutigt so zum Erzählen. Und die Emmausjünger erzählen diesem Unbekannten die Geschichte, eine Geschichte enttäuschter Hoffnungen. Und er hört zu – solange bis sie fertig sind. Dabei ist es nicht ohne Bedeutung, dass es ein Unbekannter ist, dem sie die Geschichte erzählen. Denn es ist letztlich nicht wichtig, wem die Emmausjünger erzählen; es ist wichtig, dass der Zuhörende zuhören kann, Vertrauen erwecken kann, Wertschätzung ausstrahlt, echte Sorge zeigt. Deshalb erzählen sie ihre Geschichte durchaus auch einem Unbekannten.

Und dann, nachdem die Jünger ihre Geschichte erzählt haben, dann erzählt der Unbekannte seine Geschichte. Auch diese Geschichte ist zunächst eine Geschichte der Enttäuschung, des Leidens, der Gottverlassenheit, die Geschichte des Karfreitags. Der Unbekannte kennt also solche Situationen. Die Emmausjünger haben sich sofort verstanden gefühlt: „Brannte nicht das Herz in der Brust, als er unterwegs mit uns redete?“ Ja, der Unbekannte hat sie aus eigener Erfahrung verstanden, konnte sich hineinfühlen in das Leid und die Trauer, und sie fühlten sich verstanden.

Aber die Geschichte des Unbekannten geht jetzt weiter. Er nimmt die Jünger sozusagen sorgsam an der Hand und führt sie hinaus aus Trauer und Resignation. Denn der Unbekannte hat eine große Geschichte zu erzählen, die nicht bei der Dunkelheit stehen bleibt, nicht im Karfreitag endet. Und er erzählt seine große Geschichte und spannt weit aus bis zurück, was „in den Propheten über ihn geschrieben steht“. Und dann kommt er zum Schluss: „Musste der Messias nicht all das erleiden, was über ihn geschrieben steht?“ Es gibt einen roten Faden im Leben, den man nicht verstehen muss, aber die Schriften bezeugen eine Liebe Gottes, der man vertrauen kann.

Der Unbekannte bleibt nicht stehen bei seinem Karfreitag, bei seinen Enttäuschungen, sondern er erzählt die Geschichte der großen Liebe Gottes, die hinausführt aus dem Dunkel. Er kann sie jetzt erzählen, weil er das Vertrauen der Emmausjünger gewonnen hatte, weil er vorher zugehört hatte, Wertschätzung gezeigt hatte.

Und dann brauchte es nur noch eines kleinen Zeichens, dem Brotbrechen, und dann gingen ihnen die Augen auf und sie erkannten, dass Jesus die ganze Zeit bei ihnen war. Mögen auch uns immer neu die Augen aufgehen, wenn wir hier beim Brechen des Brotes zusammenkommen, und erkennen, wie sehr Christus sorgend unser Leben begleitet. Und mögen wir selbst immer mehr auch für die Mitmenschen zu dem Unbekannten werden, der zuhören kann, der die große Geschichte der Liebe Gottes erzählen kann, damit die Kirche wieder ein Ort für Emmausjünger wird. Möge die Kirche so wieder missionarische Kirche werden.

Predigt am 2. Sonntag der Osterzeit

Joh 20, 19-31

Liebe Schwestern und Brüder!

„Der ungläubige Thomas“, so wird der Jünger Jesu genannt, der nicht glauben wollte, dass Jesus den anderen erschienen ist. Und doch ist er, der Thomas, vielen sympathisch, weil er uns doch irgendwie näher steht als die anderen, denen Jesus erschienen ist. Denn wir sind in einer ähnlichen Situation wie Thomas: Auch uns ist Jesus nicht erschienen. Auch wir sind in unserem Glauben angewiesen auf das, was man uns überliefert und erzählt hat. Und auch wir haben da so manchmal unsere Zweifel und möchten wie Thomas sagen: „Wenn ich es nicht selbst sehe, glaube ich nicht.“ Da könnte ja jeder kommen und sagen: Mir ist Jesus erschienen. Leute, die vorgeben, irgendwelche Erscheinungen zu haben, gibt es genug. Und denen glauben wir auch nicht so ohne weiteres.

Nein, im Zweifel des Thomas können sich so manche Christen wieder entdecken. Und zwar zu Recht. Denn was ist denn der Zweifel im christlichen Sinn? Ist nicht der Zweifel die Kehrseite des Glaubens? Gehören Glaube und Zweifel nicht irgendwie zusammen wie zwei Seiten einer Medaille? Wer nicht oder kaum an Gott glaubt, wird nicht an ihm zweifeln können, weil nichts zu zweifeln da ist. Umso tiefer aber der Glaube ist, umso stärker kann der Zweifel sich melden. Warum ist das so? Es hängt wohl mit dem alttestamentlichen Bilderverbot zusammen: „Du sollst dir kein Bild von Gott machen“. Das ist doch die Aufforderung zum Zweifel schlechthin: „Zweifle an deinen Bildern von Gott, an deinen Vorstellungen von Gott. Glaube nicht, wenn dir jemand sagt, wie Gott ist. Zweifle daran, wenn jemand kommt und meint, Gott erklären zu können. Sei skeptisch allen gegenüber, die meinen, sie hätten die Wahrheit über Gott. Mach’ dir kein

Bild von Gott, keine Vorstellung. Schreibe ihn nicht fest mit deinen kleinen Verstand. Gott ist größer, Gott ist immer anders als du je erfassen kannst." Der Zweifel ist die gesunde Korrektur unserer Versuchung, ein Bild von Gott zu machen und dieses Bild als allgemeingültig zu verabsolutieren.

So gesehen hatte Thomas ja Recht, wenn er daran zweifelte, dass Jesus erschienen ist. Das wäre zu bildhaft, zu leiblich, zu materiell, zu vorstellbar, zu einfach. Auferstehung ist nicht einfach eine Wiederbelebung eines Toten. Der Zweifel des Thomas wehrt sich gegen die Vereinfachung des österlichen Geheimnisses. Der Zweifel ist ein Ausdruck von der Größe und der Unbeschreibbarkeit der Auferstehung und somit von der Unbeschreibbarkeit des göttlichen Lebens. Der Zweifel fordert genau dies ein. „Mach dir kein Bild; zweifle an den Bildern, die Gott festschreiben wollen." Auferstehung als Hineingang in die Gemeinschaft des Dreifaltigen Gottes entzieht sich unseren Bildern, unserer Vorstellung, bleibt im Dunkeln, im Geheimnis des Glaubens. Deswegen feiern wir auch die Osternacht im Dunkeln. Thomas zweifelt an der allzu einfachen Vorstellung von der Erscheinung eines Gekreuzigten.

Genau da ist Zweifel angebracht, wo dieses Geheimnis zu leicht erklärbar wird. Es ist Zweifel angebracht, wenn die Wahrheit als Besitz daherkommt, den man haben kann. Es ist Zweifel angebracht, wo Menschen ihre eigenen Vorstellungen und Wahrnehmungen verabsolutieren. Der Zweifel sucht weiter, fragt weiter, hinterfragt das allzu Menschliche, denkt weiter, betet weiter, bildet sich weiter und leidet weiter. Denn Gott ist immer größer und das Auferstehungsgeheimnis als Heimgang in Gottes Herrlichkeit ist immer größer.

Natürlich hat die Geschichte einen allzu leichten Ausgang. Thomas darf dann schließlich doch den Auferstandenen sehen und seine Hände in seine Wundmale legen. Und aufgrund dessen bekennt er: „Mein Herr und mein

Gott“. Aber Jesus korrigiert sofort und sagt: „Weil du mich gesehen hast, glaubst du; selig sind, die nicht sehen und doch glauben“. Genauso so ist unsere Situation: Wir sehen nicht, für uns ist manches dunkel, Gott oft dunkel, unvorstellbar, manchmal fern, unbeschreiblich. Das provoziert ja förmlich in uns den Zweifel. Oder anders ausgedrückt: Der Zweifel ist das sichere Zeichen, dass unser Glaube echt ist und nicht allzu leichtfertig daher kommt.

Predigt am 3. Ostersonntag B

Lk 24,35-48

Liebe Schwestern und Brüder!

Was sollen wir von dem eben gehörten Evangelium halten? Da erscheint Jesus leibhaftig vor den zu Recht verschreckten Jüngern, lässt sich an Händen und Füßen berühren, und als sie immer noch nicht so richtig an die Auferstehung zu glauben vermochten, isst er vor ihnen ein Stück gebratenen Fisch und erläutert dieses Tun mit den Worten: „Fasst mich doch an und begreift: Kein Geist hat Fleisch und Knochen." Ist das also „Auferstehung"? Dieser eben gehörte Text suggeriert doch eher die Auferstehung als eine Art Wiederbelebung eines Toten. Ostern als Auferweckung in Gott hinein, in die Ewigkeit und Herrlichkeit Gottes, ja in Gott selbst, das alles kommt hier in dem Text gar nicht vor. Vielmehr kehrt hier jemand wieder ins irdische Leben zurück, trägt seine mittlerweile vernarbten Wunden und hält sie den Jüngern hin, und isst und trinkt und tut so, als habe er wieder ganz normale menschliche Bedürfnisse: Keine Spur von Ewigkeit. Alles geht sehr irdisch zu. Auferstehung als Wiederbelebung eines Toten. So erscheint dieser Text oder zumindest ist er in diese Richtung sehr grenzwertig. So stellen wir uns Auferstehung und Ostern nicht vor. Was sollen wir davon halten? Der Text lässt uns ratlos zurück.

Ich glaube, dass wir den Text anders lesen müssen. Nicht so sehr als eine Art Information darüber, wie Auferstehung sich vorzustellen ist oder als Aussage über Ostern. Wir müssen diesen Text auf den Menschen hin lesen. Welche Aussage wird hier über den Menschen gemacht? Und da kann man zweierlei sagen:

Eine erste Spur weist uns der große englische Kirchenlehrer und Benediktinermönch Beda Venerabilis (672–735). Er schrieb in Bezug auf dieses

Evangelium: „Die Jünger Jesu haben Christus als wahren Menschen kennen gelernt. Nachdem er gestorben war, glaubten sie nicht, dass er am dritten Tag mit wahrem Menschsein auferstehen konnte. Sie glaubten einen Geist zu sehen." Was der heilige Beda hier zum Ausdruck bringen will, ist die Würde des Menschseins. Auferstehung und ewiges Leben sind nicht einfach etwas Geistiges, gar Visionäres, sondern ist eine Aussage über das wahre Menschsein. Die Leiblichkeit, ja Fleischlichkeit Christi wird hier deshalb so betont, um deutlich zu machen: Es gibt keinen Bruch im Menschsein vor und nach dem Tod. Der Mensch ist als der je eigene individuelle Mensch gewürdigt, an der Herrlichkeit Gottes teilzuhaben. Der Mensch taucht nicht ein in eine irgendwie geartete Ewigkeitsvorstellung, sondern ist als Mensch gewürdigt, schon jetzt, in seiner Fleischlichkeit, in Gott zu leben. Es gibt sozusagen eine Kontinuität: Was wir als Menschen hier glauben, aber nicht schauen, werden wir dann als Menschen schauen. Deshalb wird uns hier Jesus als der Auferstandene so menschlich beschrieben, ja fast irdisch, in Kontinuität zum Leben vor dem Tod. Das, was wir mit „leiblicher Auferstehung" meinen, bedeutet eben die Kontinuität im Menschsein, in der Identität. Wir haben schon jetzt teil am göttlichen Leben, und werden es nach dem Tod auch.

Und noch eine zweite Aussage über den Menschen kann man dem Text entnehmen. Es geht ja hier alles sehr sinnlich zu. Der Auferstandene erscheint. Die Jünger können ihn sehen. Als sie meinten, einen Geist zu sehen, sagt Jesus: „Fasst mich doch an; kein Geist hat Fleisch und Knochen." Sie dürfen ihn also berühren. Er isst ein Stück gebratenen Fisch vor ihren Augen. Sie hören, wie er die Schrift auslegt. Es ist alles ganz sinnlich, leiblich, irdisch. Da ist nichts Abgehobenes, nichts rein Geistiges, keine visionäre Erscheinung, keine Einbildung, keine intellektuelle Anstrengung, sondern ganz starke leibliche Nähe, sinnliche Erfahrung, einfach nur Gegenwart. Wenn dieser Sachverhalt der leiblichen Erscheinung Jesu eine Aussage über den Menschen ist, dann wird deutlich, was hier gemeint ist. Wir Menschen sind auf Leiblichkeit angewiesen, auf Sinnlichkeit. Es gibt keine Erfahrung außerhalb unserer Leiblichkeit und außerhalb unserer Sinne. Das ist die menschliche Konstitution, auf die sich Gott eingelassen hat. Und zwar bereits eingelassen hat in seiner Menschwerdung. „Was wir gesehen und berührt haben, das verkünden wir euch", hat Johannes einmal geschrieben. Seit der Inkarnation ist Gott keine rein geistige Größe mehr, sondern ist unserer menschlichen Konstitution der Leiblichkeit zugänglich geworden. Der Mensch braucht, um kommunikationsfähig zu sein, seinen Leib. Er ist darauf angewiesen. Für uns gibt es keine rein geistige Kommunikation als Gedankenleser oder Telepathen. Der Leib wird zum Ort der Kommunikation, auch der Kommunikation mit Gott.

In dem Wort „Kommunikation" steckt auch das Wort „Kommunion". Es ist eine leibliche Kommunion. Und jetzt wird auch deutlich, warum wir in der Eucharistie beim Empfang der Hostie nicht einfach sagen: „Das ist Christus", sondern wir sagen: „Leib Christi". Wir sind gar nicht imstande, mit Gott in eine Beziehung und Kommunikation zu treten, weil Gott ein körperloses Wesen ist. Erst, wo er selbst Fleisch angenommen hat in seinen Sohn Jesus Christus, kann Gott mit uns und wir mit ihm in eine Beziehung treten. Der Auferstandene ist eben leibhaft auferstanden und leibhaftig gegenwärtig im Sakrament als „Leib" und „Blut" Christi unter uns. Das heißt eben, dass Gott begegnungsfähig und kommunikationsfähig für uns geworden ist. Papst Leo der Große hat einmal gesagt: „Was am irdischen Jesus sichtbar war, ist übergegangen in die Sakramente." Es ist nicht nur ein „Beten" im Geiste, ein Nachdenken und eine geistige Anstrengung, sondern Kommunikation mit Gott ist ganzheitliche Kommunion, leib-seelische Kommunion.

Predigt am 4. Ostersonntag

-Welttag der Geistlichen Berufe -

- Ein Diskussionsbeitrag -

Liebe Schwestern und Brüder,

Wenn wir heute – am Sonntag des Guten Hirten – den Welttag der Geistlichen Berufe begehen, dann ist das für mich zugegebenermaßen ein Thema, das auf mich einen besonderen Reiz ausübt. Und der Grund – ich sage es gleich vorweg – ist nicht nur die Tatsache eines eklatanten Priestermangels, sondern grundsätzlich auch die Frage der Personalpolitik. Ich will dies jetzt nicht nur erwähnen, um meinen Ärger einmal Raum zu geben, - nein -, sondern auch um von diesen Gedanken her den Blick neu zu öffnen, was es heißt, Priester zu werden und zu sein. Und weil ich denke, am Welttag der geistlichen Berufe darf ich auch einmal über das predigen, was mich als Priester in dem Zusammenhang bewegt.

Also zunächst zur Personalpolitik. Ich sage es frei heraus: Die Personalpolitik der dafür Verantwortlichen verschlechtert von Jahr zu Jahr die Situation. Und dies geschieht, ohne sich im Geringsten die Frage zu stellen: Was machen wir eigentlich falsch? Wo wird Verantwortung für die immer brenzliger werdende Situation übernommen? Die Personalpolitik ist geprägt durch ein Dreifaches: Erstens verfällt man in einen großen Aktionismus, um Strukturen zu ändern. Man schafft große Seelsorgeräume, Pastorale Räume, Pastoralverbände, Pastoralverbünde, Kirchenschließungen und Kirchenzusammenschlüsse. Man begibt sich mit großem Elan auf Nebenschauplätze. Das ist verdächtig. Zweitens: Man sucht die Schuld woanders: Die säkulare Gesellschaft; die Familien, die ihre Kinder, will sagen, die Jungs, nicht mehr so christlich erziehen, dass sie Priester werden wollen; das Fernsehen, die Computer mit dem

Vorgaukeln einer gottlosen Welt usw. Ein typischer Verdrängungsmechanismus: Die anderen sind daran schuld. Drittens: Und das ist der Punkt, den ich mit Ihnen näher beleuchten will: Man flüchtet sich in die Aussage: Es gibt eben nicht genügend Berufungen. Man könne keine Priester machen, sondern Gott muss sie berufen, Gott muss sie schaffen. Deshalb lasst uns um Priesterberufe beten. Man bedient sich des Begriffs der Berufung, und umgibt somit den Priesterberuf mit einer mystischen, fast esoterischen Aura, und stilisiert somit den Priester zum heiligen Außenseiter. Mittlerweile ist das soweit vorgedrungen, dass selbst gut katholische Eltern zurückschrecken, wenn ein Sohn erklärt, dass er Priester werden möchte. „Kind, bist du noch ganz normal?" „Wir brauchen zwar Priester, aber mein eigener Sohn soll es bitte nicht werden." Das ging soweit, dass ein deutscher Bischof seinem Priesterseminar den Priesteramtskandidaten untersagt hat, eine Jeans zu tragen. Sie durften nur Stoffhosen tragen. Eine Stoffhose ist nämlich mit der heiligen Aura kompatibler als eine Jeans. Eugen Drewermann hatte schon vor über 15 Jahren in seinem Buch „Kleriker" darauf hingewiesen, dass mit dieser Art der Personalpolitik nur Außenseiter angezogen werden, die vor den Unsicherheiten der Welt in ein festes Regelwerk der Kirche flüchten wollen, die ihr Minderwertigkeitsgefühl mit dem Gefühl des Berufenseins kompensieren. Drewermann wurde damals heftig kritisiert: Heute stellen viele ältere Priester, die einen jungen Kaplan bekommen haben, erschrocken fest: Drewermanns Analyse stimmte – heute erst recht.

Eine Personalpolitik, die mit dem Berufungsbegriff dem Priester eine mystische Aura verleiht, muss scheitern, weil die meisten jungen Männer, die überlegen, eventuell Priester zu werden, diese mystische Aura gar nicht haben wollen, ja vielmehr diese Aura abschreckt, höchstens bis auf die paar, die diese tatsächlich zur Persönlichkeitsaufwertung benötigen. Das werden dann die künftigen Pfarrherren, die diktatorisch eine Gemeinde leiten. Genau das ist mein Ärger:

Die Personalpolitik der letzten Jahre oder fast Jahrzehnte hat es verstanden, einen der attraktivsten Berufe unserer Gesellschaft zu einen Außenseiterberuf zu stilisieren. Der Zufriedenheitsgrad der katholischen Pfarrer mit ihrem Beruf ist mit der höchste unter allen Berufen in unserer Gesellschaft. Wieso also gelingt es unserer Kirche nicht, diesen einen Menschen erfüllenden Beruf so rüberzubringen, wie er ist?

Und genau das ist der springende Punkt. Mit dem Satz „Du musst berufen sein" trifft man nämlich genau daneben. Die meisten sind nicht Priester geworden, weil sie eine Berufung vernommen haben. Die Entscheidung zum Priesterberuf vollzieht sich bei den meisten ganz unspektakulär: Da ist ein katholisches Elternhaus gewesen, da war eine gute Jugendgruppe, eine tolle Gemeinschaft in der Kirche, die die Freude und Lust weckte, einen Beruf in der Kirche zu ergreifen, da war ein guter vorbildlicher Priester, der eine Zufriedenheit und Wärme ausstrahlte, dass einem die Ahnung kommen konnte, so will ich auch mal werden usw. Es ist genauso wie z.B. bei einem Lokführer: Als Kind hat der vielleicht gern mit der Modelleisenbahn gespielt, war begeistert von den gewaltigen Ungetümen, wenn sie über die Schienenstränge rauschten usw. Wenn die Deutsche Bahn Berufene suchen würde, hätte sie bald keine Lokführer mehr.

Was ist also zu tun? Es ist endlich aufzuhören damit, dem Priester mystisch hochzustilisieren. Wir brauchen in unserer Kirche keine mystisch Überhöhten, unnormal Abgehobene, heilige Außenseiter. Was wir brauchen, ist ganz einfach: Wir brauchen Gemeindeleiter. Das ist ganz einfach und das ist alles. Dieser Beruf „Gemeindeleiter" ist so attraktiv, so erfüllend, warum sagt man das nicht einfach. Statt: Wir suchen „Berufene", „vom Heiligen Geist Erfüllte", „für Christus Entschiedene", warum sagen wir nicht einfach: „Wir, die katholische Kirche, bieten eine attraktive Stellung im gehobenen Dienst als Gemeindeleiter an. Voraussetzungen sind: Freude im Umgang mit anderen

Menschen, die Fähigkeit, sich verschiedenen Lebenssituationen zu stellen, den Willen, Menschen zu helfen, Verantwortungsbewusstsein in der Leitung einer Gemeinde, erfüllt zu sein vom Glauben der Christen, Kinder und Jugendliche auf dem Glaubensweg zu begleiten und anzuleiten und mit den Menschen die Geheimnisse des Glaubens zu feiern. Wir bieten Wohnung und gutes Einkommen. Wir helfen Ihnen in unseren eigenen Häusern bei der Aus- und Fortbildung für diesen Beruf zu äußerst günstigen Konditionen. Wenn Sie Interesse gewonnen haben und unser Angebot Ihnen zusagt, schicken Sie Ihre Bewerbung an“ usw. Damit habe ich nichts gegen die Sakramentalität der priesterlichen Existenz gesagt. Im Übrigen ist das Leben eines jeden Getauften ein sakramentales.

Und was hat es immer für großartige Priestertypen gegeben: Den Landpfarrer, der die Sorgen und Probleme der Bauern bestens kannte, und der mehr über Land- und Viehwirtschaft wusste als über die neueste Bibelexegese; es gibt die, die selbst in Einfachheit mit den Einfachen leben; es gibt die, die auf der Seite der Außenseiter stehen und mit ihnen kämpfen; es gibt die, die hochgeistig, theologisch sehr versiert den Menschen geistliche Nahrung geben; es gibt die Sensiblen, die sehr feinfühlig die Nöte der Menschen heraushören und Trost zu geben vermögen, des gibt die Leutseligen, die abends in der Kneipe mit den Menschen zusammenhocken; es gibt die, die oft angefochten sind in ihrer Lebenseinstellung, die um ihre Schwächen wissen und gerade deshalb ein so verständnisvollen Herz haben für alle Schwachen und Sünder; es gibt die, die sich freiwillig in ein armes Land versetzen lassen und dort mit den Ärmsten das Leben teilen usw. Was hat die Kirche mit dem Priesterberuf für großartige Menschen hervorgebracht! Es geht um die Großartigkeit eines Berufes. Und dann spielt auch der Zölibat nicht mehr die allzu große Rolle. In einer Gesellschaft, in der ohnehin 25% aller Erwachsenen als Singles leben, stellen sich die Menschen vielmehr die Frage, wie man leben muss, um Erfüllung zu finden. Und hier hat die Kirche Großartiges zu bieten. Schade, dass wir „Berufene“ suchen statt Gemeindeleiter im priesterlichen Dienst.

Predigt am 5. Sonntag der Osterzeit B

Joh 15,1-8

Liebe Brüder und Schwestern,

ich weiß nicht, ob es Ihnen auch so geht wie mir. Ich habe das Gefühl, dass sich unser Glaube und unser Christentum in den letzten Jahren mehr und mehr verwandelt haben zu einer Institution des Moralisieren, des Warnens und der großen Bedenken. Vielleicht will man gesellschaftlich sich noch irgendwie eine Position bewahren, also holt man die Moral wieder raus und warnt vor diesem und jenem, vor Krieg und PID. Man hat Bedenken gegen Gentechnik und Atomkraft und meint selbst noch Ostern auf der Kanzel dagegen vorgehen zu müssen. Selbst die Osterbotschaften so mancher katholischer und evangelischer Bischöfe erwecken in mir den Eindruck, man wolle gern in unserer Gesellschaft die Funktion der Bedenkenträger ausfüllen. Keine Rede von Auferstehung, aber von Antikriegsappellen. Keine Rede von neuem Leben und Sieg über den Tod, aber Warnung vor den Möglichkeiten durch die Gentechnik. Jesus wird dann interpretiert als der große Mann, der Liebe und Frieden auf die Erde gebracht hat, und wir müssen das jetzt genauso machen wir er. Jesus, das große Vorbild. Wir wollen es genau so machen. Hat das Christentum keine andere Botschaft mehr als Warnen und Bedenken und Moralisieren und Machen? Braucht unsere Gesellschaft eine solche Kirche? Kurz gesagt: Ich habe das Gefühl, und vielleicht ergeht es Ihnen ähnlich, dass unsere Kirche eine gefährliche Schieflage hat.

Das heutige Evangelium hebt sich da wohltuend ab und sagt uns, was wichtig ist. „Ich bin der Weinstock, und ihr seid die Reben. Wer in mir bleibt und in wem ich bleibe, der bringt reiche Frucht.“ Ich war vor sechs Jahren mit den Kommunionkindern im Frankenland in einem Weinanbaugebiet. Die

Weinbergbesitzerin erklärte uns, dass wegen der großen Trockenheit, der die Weinstöcke auf den heißen Berghängen ausgesetzt sind, die Weinstöcke sehr große Wurzeln ausbilden. Manche können bis zu 20 m lang werden. Die Reben an den Weinstöcken sind also vom ganzen Weinstock der kleinste Teil. Der größte Teil des Weinstocks ist tief verborgen, unsichtbar. Und dieser tief verborgene Teil des Weinstocks ist lebenswichtig für die Reben. Wie aber kommen die Reben an den lebenswichtigen Saft der Wurzeln heran? Durch den Weinstock. Er transportiert den Saft tief aus der Erde zu den Reben. „Ich bin der Weinstock, ihr seid die Reben."

Ist es um uns Menschen vielleicht nicht genauso bestellt? Wir sind – wie die Reben – nur ein Teil eines viel größeren verborgenen Ganzen. Wir haben ein Leben in uns, dass wir diesem Verborgenen verdanken. Und wie der Weinstock die Brücke bildet zwischen den Reben und den großen Wurzeln, damit die Reben leben, so ist Christus für uns die Brücke, der Zugang zu dem verborgenen Gott, damit wir leben. „Wer an mich glaubt, hat Leben".

Das Christentum ist also nicht zuerst eine Gemeinschaft von Menschen, wo das Machen im Vordergrund steht, sondern ein neues Bewusstsein und das Da-Sein. Ich bin Teil eines großen Ganzen, so wie die Rebe Teil des Weinstockes ist. Ich bin Teil eines großen Ganzen, das wir „Gott" nennen. In Christus hat er teil an mir und ich teil an ihm. Wir nennen das Kommunion. Das heißt: Ich muss nicht was machen, um Gnade zu bekommen, ich bin schon begnadet. Ich bekomme nicht Segen, ich bin schon gesegnet. Ich muss nicht was machen, um Lohn zu bekommen, ich bin schon belohnt. Ich habe schon teil am Weinstock, Christus, und durch ihn habe ich Zugang zum Leben aus Gott.

Und dann, wenn ich aus diesem Bewusstsein lebe, dann bringe ich Frucht. „Wer in mir bleibt und in wem ich bleibe, der bringt reiche Frucht. Denn mein Vater wird dadurch verherrlicht, dass ihr reiche Frucht bringt." Dann kommt das Handeln, das Frucht bringen. Aber diese Frucht ist eine andere als permanent gesellschaftlicher Bedenkenträger zu sein. Diese Frucht ist nichts anderes, als das die Fülle des göttlichen Lebens, die in uns strömt, überströmt und weiterströmt auf die Menschen. Die Fruchtbarkeit des Christen ist die Weitergabe des Segens und des Lebens. „Wer nicht in mir bleibt, der verdorrt". Wird also fruchtlos. Wir haben der Gesellschaft keinen größeren Dienst zu erweisen, als in Christus zu bleiben, d.h. im Glauben und Vertrauen an ihm unser Leben zu gestalten. Und das wird seine Frucht bringen. Früchte, die unsere Gesellschaft braucht. Die Menschen suchen nämlich keine Bedenkenträger, sie suchen das Leben. „Denn mein Vater wird dadurch verherrlicht, dass ihr meine Jünger seid."

Predigt am 6. Sonntag der Osterzeit B

Joh 15,9-17

Liebe Schwestern und Brüder!

Eine Umfrage unter Jugendlichen hatte einmal das Verhältnis zu den Eltern zum Thema. Dabei lautete auch eine Frage, ob die Jugendlichen ihren Eltern alles sagen, was sie bewegt, oder ob sie lieber mit einem Freund oder einer Freundin sprechen würden. Das Ergebnis hat nur das bestätigt, was man ohnehin weiß: Jugendliche sagen nicht alles ihren Eltern, gerade ganz persönliche Dinge werden lieber mit einem Freund oder einer Freundin besprochen. Das ist ja gerade das Besondere einer Freundschaft, dass sie einen geschützten Raum bietet für die persönlichsten Dinge, ohne Autorität, ohne die Scheu, den Eltern weh zu tun. Es macht gerade die Freundschaft aus, sich jemanden anzuvertrauen. Und heute hören wir im Evangelium:

„Ich nenne euch nicht mehr Knechte, denn der Knecht weiß nicht, was sein Herr tut“, sagt Jesus, „vielmehr habe ich euch Freunde genannt; denn ich habe euch alles mitgeteilt, was ich von meinem Vater gehört habe." Jesus nennt uns Freunde, eben aus dem gleichen Grund, weil er uns alles mitteilen kann und mitgeteilt hat, sein Innerlichstes und Persönlichstes. Und was ist das bei Gott? Sich selbst, sein eigenes Wesen und Leben. Das Innigste, was Gott hat, schenkt er uns: Jesus Christus. Er ist das ewige Wort des Vaters, sein Sich-selber-Aussprechen und Mitteilen an uns. In Christus ist uns das innerlichste Leben Gottes selber geschenkt, Heiliger Geist, so dass wir in einer unverbrüchlichen Gemeinschaft und Freundschaftsbeziehung mit ihm leben. Deshalb, weil der Vater sich in Christus, dem ewigen Wort des Vaters, uns sich selbst schenkt, hat er uns alles mitgeteilt. Es gibt keine höhere Mitteilung als diese. Und es braucht keine höhere Mitteilung als diese. „Was will Gott mir sagen?“, lautet oft eine Frage. Gott hat mir in Christus alles gesagt, insofern

Christus mir geschenkt ist, d.h. die Fülle des Lebens mir geschenkt ist. Es ist die gleiche Fülle, die in Christus ist. „Wie mich der Vater geliebt hat, so habe auch ich euch geliebt.“ Und uns erfüllt deshalb die gleiche Freude, die Christus erfüllt hat: "Dies habe ich euch gesagt, damit meine Freude in euch ist und damit eure Freude vollkommen wird".

Spüren wir was davon? Nun: Persönliche Dinge sagt man nicht öffentlich und nicht laut. Sie werden einem in der Stille und in abgeschiedenen Räumen, nicht vor allen, mitgeteilt. So auch bei Gott: Es braucht Zeiten der Stille, des Gebetes, des Gottesdienstes, um in uns die Anwesenheit Gottes zu spüren. Freunde nehmen sich Zeit füreinander. Auch jetzt, wenn wir Eucharistie feiern, geschieht diese Mitteilung des innersten Lebens Gottes. Gerade in dieser Stunde wird wahr, was er gesagt hat: „Ich habe euch Freunde genannt, weil ich euch alles mitgeteilt habe.“

Und diese Freundschaft soll Kreise ziehen. Hier bei uns und in den Alltag hinein. „Nicht Ihr habt mich erwählt, sondern ich habe euch erwählt, damit ihr euch aufmacht und Frucht bringt. Liebt einander, so wie ich euch geliebt habe.“

Predigt an Christi Himmelfahrt

Liebe Schwestern und Brüder!

Im Zusammenhang mit dem heutigen Fest „Christi Himmelfahrt" erinnere ich mich noch genau an die Aussage eines Kindes, das gefragt wurde: „Was ist denn eigentlich an Christi Himmelfahrt passiert?" Und das Kind gab zur Antwort: „Da ist Jesus verdunstet". Ist das nicht eine wunderbare, ja sogar treffende Beschreibung? Sie kommt aus der Vorstellungskraft eines Kindes. Und weil das Kind sich diesen Vorgang in bestimmter Weise vorstellt, findet es für diese Vorstellung die treffende Formulierung: „Er ist verdunstet". Welche Vorstellung kommt in dem Wort „verdunstet" denn zum Ausdruck? Darin kommt zum Ausdruck das Unsichtbarwerden eines vorher Sichtbaren. Er, der vorher noch greifbar präsent unter ihnen war, verflüchtigt sich; ist nicht mehr fassbar. Und dass Gott bzw. der Glaube sich verflüchtigen kann, ja sogar verdunsten kann, das kennen wir. Dass Jesus vor den Augen seiner Jünger „verdunstet" ist, um im Bild des Kindes zu bleiben, das ist auch unsere Erfahrung.

Da liegt jemand schwerkrank im Bett. „Ich habe immer gebetet, war immer in den Gottesdiensten, warum hilft Gott jetzt nicht?" In so einer Situation kann sehr schnell Gott und Gottesglaube verdunsten.

„Als Kind war ich immer in der Kirche, aber später war mir das zu langweilig. Gott hatte mir nichts mehr zu sagen". Auch hier hat sich Gott verflüchtigt.

„Als ich mich entschloss, ins Kloster einzutreten, da habe ich das verstanden als ein Opfer meines Lebens, das ich für Gott und für die Menschen darbringe. Jetzt ist mir klar geworden, dass Gott dieses Opfer gar nicht braucht. Ein Gott, der mich nicht braucht, kann nicht mein Lebensinhalt sein." Ein Gottesbild ist „verdunstet".

„Wo bleibt Gott angesichts der Ungerechtigkeit der Welt? Wieso kann er das alles mit anschauen ohne zu handeln?“ Auch ein Abschied von Gott.

Man könnte die Liste der Beispiele lang fortsetzen. Vielleicht wüssten Sie aus Ihren eigenen Erfahrungen diese Liste zu ergänzen. Es geht letztlich immer um das Eine. Abschied von Gott. Oder besser: Abschied von einer bestimmten Gottesvorstellung. Immer „verdunstet“ Gott. Ja, wir können sogar noch genauer sagen: Gott entzieht sich der Nachprüfbarkeit, der Feststellbarkeit, der Greifbarkeit, der Gewissheit. Und dafür steht die wunderbar treffende Formulierung des Kindes: „Er ist verdunstet“.

„Da wurde er vor ihren Augen emporgehoben, und eine Wolke nahm ihn auf und entzog in ihren Blicken.“ So umschreibt die heutige erste Lesung dieses Verdunsten. „Entzog in ihren Blicken“. Er ist wirklich weg, verschwunden. Das kann für viele gläubige Christen, denen Gott sich entzieht, sehr schmerzhaft sein. Die Himmelfahrtserfahrung der Jünger ist auch eine Erfahrung heute: Abschied nehmen von Gott. Er ist unseren Blicken entzogen. Das müssen wir akzeptieren. Annehmen. Aushalten. Irgendwelche mirakulösen Vorkommnisse wie weinende Madonnen oder Marienerscheinungen sind Versuche, diese schmerzhafte Lücke zu schließen, die Abwesenheit Gottes, die Himmelfahrt Christi, nicht auszuhalten. Beweise haben zu wollen. „Ihr Männer von Galiläa, was steht ihr da und starrt zum Himmel empor?“ Da gibt’s nichts mehr zu sehen.

Mit dieser ersten Lesung, in der von „ihren Blicken entzogen“ und „starrt zum Himmel empor“ die Rede ist, korrespondiert nun die zweite Lesung. Da heißt es nun ganz anders: „Der Vater der Herrlichkeit gebe euch den Geist der Weisheit und Offenbarung, damit ihr ihn erkennt. Er erleuchte die Augen eures Herzens, damit ihr versteht…“ Hier ist von einer neuen Schau die Rede. Ja, Himmelfahrt wird Christus unserer Sichtbarkeit entzogen. Wir können auch sagen: Wird Gott unseres Wunsches, ihn beweisen und greifbar haben zu wollen, entzogen. Wir schauen zum Himmel empor, sehen aber nichts mehr. Das müssen wir einerseits aushalten und annehmen. Das macht Glauben manchmal schwer. Demgegenüber aber wird dadurch der Mensch in der Vergeblichkeit nach außen zu schauen, gezwungen, nach innen zu schauen: „Er gebe euch den Geist der Offenbarung, damit ihr ihn erkennt. Er erleuchte die Augen eures Herzens, damit ihr versteht.“ Nicht mehr mit den Augen zum Himmel schauen, sondern mit dem Herzen schauen.

Ich glaube, in dem Maß, wie ich aufhöre, Gott außerhalb von mir, greifbar, beweisbar, mirakulös haben zu wollen, in dem Maß wird er ganz neu in mir aufgehen und ich werde lerne, ihn mit inneren Augen zu erkennen. Ja, dann kann Gott auch ruhig „verdunsten“, um mit diesem Bild die Erfahrung auszudrücken, dass sich Gott für mich nicht mehr greifen lässt, beweisen lässt. Ja, dann kann ich Gott wirklich loslassen, ich brauche ihn nicht mehr zu haben, weil ich mit dem inneren Auge erkannt habe, dass er mich hat. Und das genügt.

Predigt am 7. Sonntag der Osterzeit B

1 Joh, 4,11-16

Liebe Schwestern und Brüder!

„Gott ist die Liebe“, so haben wir vorhin in der Lesung aus dem 1. Johannesbrief gehört. Ein uns vertrauter Satz, der aber gleichzeitig eine tiefe Wesensbeschreibung Gottes benennt. Was letztlich unsere Sprache Gott nennt, was in anderen Sprachen anders heißt, ist im Wesentlichen ein Mysterium. „Niemand hat Gott je geschaut“, so heißt es hier im Johannesbrief. Bezeichnungen wie „Gott“ rühren also an ein tief verborgenes Mysterium, beschreiben aber nicht sein Wesen. Und damit wird die Frage gestellt: Wie kann Gottes Wesen in der Welt aufleuchten? Und die Antwort des Johannesbriefes ist genial: „Niemand hat Gott je geschaut; wenn wir einander lieben, bleibt Gott in uns, und seine Liebe ist in uns vollendet. Gott ist die Liebe“. Gott tritt immer dann aus seiner Verborgenheit heraus, wenn Liebe in unserer Welt aufleuchtet. Dies geschah in besonderer Weise durch Jesus Christus: „Wir haben gesehen und bezeugen, dass der Vater den Sohn gesandt hat.“ Die Bezeichnung „Gott“ also benennt zunächst nur einmal ein verborgenes Mysterium. Der Satz: „Gott ist die Liebe“ benennt sein Wesen und damit die Möglichkeit der Erfahrung Gottes.

Aber der Satz „Gott ist die Liebe“ ist natürlich heute absolut erklärungsbedürftig. Denn was heute als „Liebe“ bezeichnet wird, hat mit dem, wie es im Johannesbrief gemeint ist, nicht immer was zu tun. Ich denke dabei gar nicht mal so sehr an all das, was da im Fernsehen und in bestimmten Zeitschriften oder im Internet heute als „Liebe“ ausgegeben wird, diese egoistische und pubertäre Selbstprofilierung, - ich denke, darüber müssen wir nicht reden; das wissen wir, dass das mit „Liebe“ nicht viel zu tun hat -, sondern ich denke da eher an einen gewissen inflationären Begriff des Wortes „Liebe“ zu allem möglichen: Liebe zum Wein, Liebe zum schnellen Autofahren, Liebe zu Eintracht Frankfurt usw. Dieser sehr oberflächliche Gebrauch des Wortes „Liebe“ verhindert die Tiefe dessen, was mit „Gott ist die Liebe“ gemeint ist.

Und wenn wir nun uns dem lateinischen Text einmal zuwenden: „Deus caritas est“, so haben wir zwar mit dem Wort „caritas“ eine deutlichere Abgrenzung dessen, was hier mit Liebe gemeint ist, aber gerade das Wort „caritas“ ist im Deutschen ja nun wiederum in ganz anderer Bedeutung vorhanden: Caritas meint im Deutschen heute die professionellen Einrichtungen, die sich um Notleidende kümmern. Caritas meint also eher eine Professionalisierung als ein inneres Motiviertsein aus der Liebe. Man kann etwas provozierend sagen: Es kann eine Caritas ohne caritas geben.

Bleiben wir aber bei dem Wort „caritas“ und versuchen es schärfer zu fassen. Denn „caritas“ ist biblisch das Wort, das im ausgezeichneten Sinn die Gottesliebe meint. Es ist ein Missverständnis zu meinen, mit Liebe im Sinn von Caritas sei etwas Sentimentales, etwas Gefühlsmäßiges gemeint, so was wie „Mitleid mit den Armen“. Es geht vielmehr um einen geistigen Akt, auch um eine geistige Anstrengung, die Wertschätzung zum Ausdruck bringt. Deutlich wird das durch das Adjektiv, das dem Wort „Caritas“ zugeordnet ist: „Carus“. Carus heißt teuer. Carus ist das, wofür ich einen hohen Preis zu zahlen bereit bin. Man wird also mit der Frage konfrontiert, ob man sich die Verbindung mit dem wirklich oder nur angeblich Geliebten etwas kosten lassen will und wie viel. Im Deutschen klingt die Beziehung von dem Geliebten und dem Kostspieligen an in der Redewendung: „Das ist mir lieb und teuer“. Lieb und teuer meinen hier dasselbe. Diese Verbindung von „lieb und teuer“ ist der Wesenskern der Caritas. Zusammenfassend also: Mit Caritas ist jene Liebe gemeint, die Wertschätzung dadurch zum Ausdruck bringt, dass sie bereit ist, diese sich etwas kosten zu lassen. Wie sehr dies eine Ausstrahlungskraft auf das ganze Leben haben kann, auf das Gemüt, auf die Sinne, dass erkennen wir an den wirklich Liebenden. Sie sind alles bereit zu geben für den Geliebten. Und das erkennen wir auch an denen, die ihre Existenz im Besonderen auf die Nächstenliebe gründen. Die Caritas in diesem Sinn ist eine starke Macht, die bereit ist, notfalls sich alles kosten zu lassen, weil der Geliebte ihr das Wert ist.

Und nun wird deutlicher, was der Satz meint. „Gott ist die Liebe". Wir waren Gott so teuer, dass er für uns alles hingegeben hat, sich selbst. „Gott ist die Liebe", meint also nicht eine sentimentale oder verborgene Liebe, sondern die Liebe Gottes erweist sich in dem, dass für Gott nichts zu teuer war. Er hat sich uns in Christus selbst geschenkt. Und dies ist Besonders in Christus für uns aufgeleuchtet. Die Anerkenntnis der Liebe Gottes bedeutet deshalb die Anerkenntnis Christi: „Wer bekennt, dass Jesus der Sohn Gottes ist, in dem bleibt Gott, und er bleibt in Gott. Wir haben die Liebe, die Gott zu uns hat, erkannt und gläubig angenommen."

Und damit kommen wir zurück zur Ausgangsfrage: Wie kann Gott heute in der Welt aufleuchten? Gott, den niemand gesehen hat und sehen wird? Die Antwort ist nun eindeutig: „Niemand hat Gott je geschaut. Wenn wir einander lieben, bleibt Gott in uns". Gott offenbart sich durch Menschen, die so beseelt sind von der Wertschätzung des Menschen, dass sie bereit sind, diese sich etwas kosten zu lassen. Das ist Liebe, das ist Caritas, das ist Gott.

Predigt an Pfingsten

Apg 2,1-11

Liebe Schwestern und Brüder!

Wir feiern heute das Pfingstfest. Und damit feiern wir auch den Geburtstag der Kirche. Kirche als Gemeinschaft von Menschen, die vom Heiligen Geist, d.h. von Gott selbst, erfüllt sind. Wir feiern also den Geburtstag der Kirche.

Machen wir eine kleine Fantasieübung. Wir alle kennen ja alte, großartige, vor allen romanische Kirchen, in deren Apsis ein wunderbares Christusmosaik den gesamten Kirchenraum beherrscht. Das Christusmosaik zeigt uns Christus als Pantokrator, als Allherrscher, oft auf einem Thron sitzend, mit königlichen Insignien ausgestattet, einem Buch in der Hand. Was macht so ein Bild mit den Menschen, die die Kirche betreten? Bemühen wir unsere Fantasie! Was prägt sich da ein? Es wird jedem, der diese Kirche betritt, unmittelbar einleuchten: Christus herrscht im All, er herrscht über der Welt, er herrscht über die Kirche. Es ist ein Bild, dass einen herrschaftlichen Anspruch beeindruckend wiedergibt: Ein Ehrfurcht gebietendes Herrschaftsbild. Und jetzt bemühen wir mal unsere Fantasie weiter. Stellen wir uns vor: Die Kirche hätte von Anfang an in ihren Kuppeln und Altarräumen nicht wunderbare Christus–Pantokrator–Mosaiken angebracht, sondern Bilder vom Heiligen Geist, wie sie uns heute an Pfingsten überliefert werden. Genauso wunderbare Mosaiken von Sturm und Feuer. Bemühen wir wieder unsere Fantasie: Wir betreten eine solche Kirche. Und in der Apsis dieser Kirche leuchten uns in einem großartigen Mosaik Sturm und Feuer entgegen. Wie würde uns das prägen? Ein Bild, ein starkes Bild von der Unverfügbarkeit Gottes, von der Unverfügbarkeit des Heiligen Geistes, kein Bild von Herrschaft, die Ordnung und Buchstaben und Gesetz braucht, sondern ein Bild der Liebe Gottes, die alles lieben, umfassen, umarmen will. Gott ist

Feuer und Sturm. Gott brennt vor Liebe, in ihm stürmt es vor Liebe. Wie hätte das wohl die Christen geprägt?

Warum habe ich mit ihnen diese Fantasieübung gemacht? Weil damit deutlich werden soll, was die Ursache der Schieflage der Kirche ist. Wir begründen die Kirche von Christus her. Wir haben eine stark auf Christus zentrierte Kirche. Aber nicht auf den Christus auf Erden, den armen Jesus, den Freund der Sünder und Ausgegrenzten, sondern den herrschenden Christus, den Pantokrator. Dabei haben wir vergessen, dass die Kirche sich nicht von diesem Pantokrator her begründet, sondern vom Heiligen Geist. Wir reden in der Theologie schon seit langem von der Geistvergessenheit der Kirche. Aber ein Blick in unser Glaubensbekenntnis belehrt uns doch des Richtigen: Dort steht der Glaubensartikel über die Kirche nicht im Zusammenhang mit Jesus Christus, sondern im Zusammenhang mit dem Heiligen Geist. „Ich glaube an den Heiligen Geist, die heilige, katholische Kirche, Gemeinschaft der Heiligen…“ Hier wird die Kirche genannt als Wirkung des Geistes. Wie konnten wir das vergessen? Schon Karl Rahner hat auf die Geistvergessenheit aufmerksam gemacht. Das Zweite Vatikanische Konzil hat hier Korrekturen vorgenommen, die aber schon wieder vergessen sind. Und an **Pfingsten**, am Fest des Heiligen Geistes, feiern wir den Geburtstag der Kirche, nicht an Ostern.

Was also ist nun wirkungsgeschichtlich der Unterschied zwischen einer auf Christus, dem Pantokrator, gegründeten Kirche, und einer durch den Heiligen Geist begründeten Kirche? Es ist der gleiche Unterschied, wie sie in den Bildern zum Ausdruck kommen: Was ist der Unterschied zwischen dem Bild eines auf einem Thron sitzenden Pantokrators mit königlichen Insignien und den Bildern von Sturm und Feuer? Der Unterschied leuchtet unmittelbar ein. Eine zu einseitig auf den Pantokrator begründete Kirche wird dieses Bild nachahmen und auch in sich Herrschaftsformen ausprägen, Herrschaft legitimieren durch Ämter und Strukturen. Sie wird bis in die Nachahmung des Pantokrators hinein sich nicht scheuen, auch Throne, Paläste, Insignien auszuprägen und sich auch nicht scheuen, Einzelne als Stellvertreter des Pantokrators auf Erden mit vollkommener und absolutistischer Machtfülle auszustatten. Die Kirche als Abbild des Pantokrators. Zu kurz kommt alles Dynamische, Prophetische, Kritische, Demokratische. Aber genau das würden die Bilder von Feuer und Sturm bewirken. Genau das wäre eine Kirche auf den Heiligen Geist begründet. In ihr würden sich andere Formen ausprägen. Nicht die Machtfülle eines Einzelnen, der diesen als Stellvertreter des Pantokrators legitimiert, sondern die Anerkennung der Möglichkeit, dass der Heilige Geist weht und stürmt und brennt, wo er will. Eine solche Kirche würde das Amt wohltuend korrigieren. Eine solche Kirche würde die Mündigkeit aller Getauften wieder in den Blick bekommen. Eine solche Kirche ist auch schon in vielen Dingen viel weiter:

- Beispiel Ökumene: Während man im Vatikan theologisch sauber bemüht ist, den Evangelischen zu sagen, dass sie nicht im eigentlichen Sinne Kirche sind, hat der Geist Gottes die Gläubigen schon längst zusammengeführt im Bewusstsein des gemeinsamen Kircheseins.

- Während man sich immer noch hinstellt mit dem Alleinvertretungsanspruch der Wahrheit, haben Gläubige schon längst so viel Wahrheit auch außerhalb der Kirche entdeckt und sie gesprächsfähig gemacht dort, wo die Amtskirche nichts mehr zu sagen hat.

- Während man auf die Piusbrüder zu geht und ihnen zu Liebe wieder eine Fürbitte zulässt, in denen die Juden als unerleuchtet gelten, haben schon längst Christen und Juden zu einem geschwisterlichen Miteinander gefunden und Christen erkannt, mit welchem Reichtum des Gottesgeistes die Juden erleuchtet sind.

Diese Kirche feiern wir an Pfingsten. Die Kirche, die aus dem Heiligen Geist hervorgeht und deshalb anerkennt, dass der Geist als Feuer und Sturm nicht verfügbar ist und nicht zu bremsen ist. Der Geist weht, wo er will. Die Jünger wurden an Pfingsten vom Heiligen Geist erfüllt und alle hörten sie in ihrer Muttersprache reden. Pfingsten ist das Wunder der Verständigung, das Wunder vollendeter Kommunikation, eines Redens in der Sprache der Menschen und der Fähigkeit zum Hinhören. Wo das gelingt, da ist Kirche, da fühlen sich die Menschen verstanden, da kann Gott in unserer Mitte wohnen. Und genau diese Kirche gibt es aber auch. Genau diese Kirche lebt in vielen Gemeinden und im Herzen vieler Menschen. Genau diese Kirche ist auch wieder glaubwürdig. Genau diese Kirche ist notwendig für das Heil der Menschen. Und ohne **diese** Kirche wäre die Welt und unsere Gesellschaft ärmer. Genau diese Kirche feiert Pfingsten, das Fest des Heiligen Geistes, zu Recht als ihren Geburtstag.

Predigt am Dreifaltigkeitssonntag

Liebe Schwestern und Brüder!

Wenn wir heute den Dreifaltigkeitssonntag feiern, dann tun wir das nicht einfach nur deshalb, weil es im Laufe des Kirchenjahres mal wieder dran ist, wir tun dies auch nicht deshalb, weil schlaue und kluge Köpfe etwas besonders Schlaues und Kluges über Gott ausgedacht haben, sondern wir tun dies, weil wir ahnen, spüren, glauben, dass mit der Aussage vom Dreifaltigen Gott etwas gesagt ist, was uns unmittelbar etwas angeht. Denn Gott ist der, der mich unmittelbar etwas angeht. Leonardo Boff, der große lateinamerikanische Befreiungstheologe, formuliert das so: „Die Dreifaltigkeit beinhaltet nämlich etwas entscheidend Wichtiges, ohne dass wir auch unsere Menschlichkeit weder verstehen noch radikal verwirklichen könnten.“ Ja, irgendwie ahnen wir das, dass es da einen Zusammenhang gibt zwischen der Aussage: „Gott ist dreifaltig“ und meinem Leben. Wir ahnen das vielleicht immer auch dann, wenn wir einfach nur das Kreuzzeichen machen und sprechen: „Im Namen des Vaters und des Sohnes und des Heiligen Geistes“.

Der Glaube an den Dreifaltigen Gott ist ja nicht das Produkt theologischer Spekulationen, sondern angestoßen und vertieft durch den Glauben an Jesus Christus. Schon früh im Neuen Testament finden wir Aussagen über Jesus Christus, die ihn als von Gott kommend offenbaren. Im jüngsten Evangelium, im Johannes-Evangelium, kulminiert dann dieser Glaube in der Aussage: „Am Anfang war das Wort. Das Wort war Gott.... Und das Wort ist Fleisch geworden“. Schon gegen Ende des ersten Jahrhunderts also war der Glaube soweit ausformuliert, dass er die Aussage tätigen kann: „Gott, der das Wort ist, ist Fleisch geworden“. Gott ist das Wort heute würde man vielleicht sagen: „Gott ist Kommunikation“. Der Glaube an den Dreifaltigen Gott ist also der Glaube daran, dass Gott Kommunikation ist. Aber eine ganz besondere Form der Kommunikation: Gott ist die Liebe, sagt der erste Johannesbrief. Gott ist also die vollendete Kommunikation der Liebe.

Darüber will ich jetzt mit Ihnen noch ein wenig nachdenken: Für das Wort „Kommunikation“ gibt es die schöne deutsche Übersetzung: Mitteilung. Oder manchmal sagen wir, wenn wir etwas sagen. „Ich teile mich dir mit“. Wir reden dann von Selbstmitteilung. Das heißt: Wann immer ich etwas sage, teile ich nicht nur etwas mit, einen Sachverhalt, sondern ich teile auch etwas von mir mit. Wenn Sie mich hier all die Jahre haben predigen hören, dann haben Sie mich auch ein Stück kennen gelernt, weil mit meinen Worten immer etwas mitschwingt, was mir wichtig ist, wie ich denke, was ich glaube. Jede Mitteilung ist immer auch „Selbstoffenbarung“; selbst dann noch, wenn sich zwei Menschen stundenlang über mathematische Formeln unterhalten können; sie zeigen damit, was ihnen wichtig ist.

Wie aber geschieht diese Selbstmitteilung? Bei uns Menschen meistens durch Sprache, durch das Wort. Das Wort aber unterliegt dem Gesetz der Verständlichkeit. Ich kann nur mich selbst mitteilen, wenn man mich verstehen kann. Das Wort ist also bereits das Produkt eines Prozesse, der sich die Frage stellt: „Wie kann ich das, was mir wichtig ist, in Worte fassen?“ Wie kann ich mich selbst in Worten mitteilen? Das Wort transportiert also etwas nach außen, was mir innerlich ist. Das Wort macht nach außen etwas verständlich und erfahrbar, was in meinem Inneren verborgen ist. Das Wort ist Offenbarung meines Inneren, meines Wesens nach außen. Zwischen dem nach außen gesprochenem Wort und meiner inneren Überzeugung gibt es eine Übereinstimmung, ja manchmal Identität. Wir reden von Authentizität oder Glaubwürdigkeit. Gibt es diese Übereinstimmung von Wort und innerer Überzeugung nicht, dann reden wir von Lüge. Ich sage etwas, was ich selbst nicht meine oder glaube.

Kommen wir zurück: Gott ist dreifaltig heißt Gott ist Kommunikation. Von Ewigkeit her spricht Gott also ein Wort, das er selbst ist. Dieses Wort ist absolut identisch mit seinem Wesen. „Und das Wort ist Gott“. Ja, das Wort ist Ausdruck seines Wesens, Offenbarung seines Wesens. Und es ist verständliches Wort. Die Menschen konnten Gott nur verstehen, weil er selbst Mensch geworden ist und ihr Leben lebte. An Christus haben sie die Liebe Gottes gespürt, erfahren, verstanden. Später heißt es im Johannesbrief: „Gott ist die Liebe“.

Und jetzt kommen wir und die ganze Schöpfung ins Spiel. Weil Gott Kommunikation ist, ist er fähig zur Selbstmitteilung. Und zwar im wahrsten Sinn des Wortes: „Selbst-Mitteilung“. Er teilt sich selbst mit. Dies geschieht von Anfang in der Schöpfung. Das naturwissenschaftliche und somit neutrale Wort „Evolution“ beschreibt – so denke ich – ein nach oben Streben der ganzen Schöpfung, das ohne Gott nicht denkbar wäre. Warum soll sich Materie, Wasserstoffgase, Sternenstaub nach Milliarden von Jahren zum Menschen entwickelt haben? Woher kommt diese innerste Gesetzmäßigkeit? Diese Selbstmitteilung Gottes finden wir in den einfachen Religionen. Sie findet dann seinen ersten Höhepunkt im erwählten Volk Israel, im Judentum. Und „als die Fülle der Zeit gekommen war“, findet diese Selbstmitteilung Gottes seinen Höhepunkt in Jesus Christus, von dem gesagt wird: „Und das Wort ist Fleisch geworden“. Er hat seinem innersten Wesen nach außen Ausdruck verliehen, Erfahrung ermöglicht, Verständlichkeit gegeben.

Und da, wo jemand sich selbst verständlich nach außen mitteilt, geschieht etwas. Wenn das, was nach außen verständlich mitgeteilt wird, auch tatsächlich verstanden wird und angenommen wird, wird es auch aufgenommen. Die Selbstmitteilung Gottes, sein ewiges Wort, wird vom Menschen aufgenommen. Wir nennen das Glauben. Gott selbst wird so vom Menschen aufgenommen. Und damit schließt sich der Kreis: Der Glaube an die Dreifaltigkeit geht uns Menschen unmittelbar etwas an, weil Gott als liebende Kommunikation sich uns selbst mitteilt, sich uns selbst schenkt. Und wo der Mensch diese Selbstmitteilung Gottes aufnimmt, erfüllt sich das, was wir gerade im Evangelium gehört haben: „Gott hat die Welt so sehr geliebt, dass er seinen einzigen Sohn hingab, damit jeder, der an ich ihn glaubt, nicht zugrunde geht, sondern das ewige Leben hat.“

Printed by Books on Demand GmbH, Norderstedt / Germany